庫

私の小裂たち

志村ふくみ

筑摩書房

まえがき

織物をはじめた一九六〇年前後から織ったものの残り裂を手元の手帖に貼っていたがいつの間にかたまって、二〇〇七年に『小裂帖』として出版した。

このたびその中から裂を選び、小裂帖刊行のときに書き下ろした文章と、今新たに書いた文章とを組合せて、小さな文庫の形にした。

こうして生き継いでゆく小裂たちをいとしんでいただくことができたらどんなにありがたいことかと思っている。

私の小裂たち　目次

本文デザイン・山室眞二
小裂撮影・天幡英文

私の小裂たち

母と小裂の思い出

今でも忘れられない思い出がある。

はじめて資生堂ギャラリーで個展をしたとき、富本憲吉夫人の一枝さんが、近江から上京した母と会場にあらわれ、おっしゃった。

「今日の会場で見るべきものなし。あなたのお母さんの着ている藍のめくら縞が一番美しい」

私は胸に一矢が突き刺さった思いがした。たしかに今おもえばその時母の着ていた藍の着物、母自身が織ったその着物が一番美しかった。新米の私のかなう相手ではなかった。

それ以来私は、藍のみじんとかめくら縞とか、憑かれたように藍を土台にして織った。織っても織っても井戸の深さをうかがい知ることが出来ないほど、いまだに追い求める藍の世界である。

大阪の道頓堀ちかくに育った祖母や母の残した着物のきれはしを時折見ると、その頃の大阪の商家の婦人たちの衣装好みの片鱗をうかがうことができる。

控えめでありながら、洒脱、小凜々《こりり》しい縞や小紋、艶やかな友禅の、どことなくおっとりした品の漂う桜模様、華やかな模様に対して思いがけない渋い茶とか、鶸色《ひわいろ》の調和の見事さ。

箪笥や琴にかけられた油単《ゆたん》の紫の藤に牡丹の優雅さなど、忘れられない。娘の頃、そういうものを身につけていた母が、いつの頃からかストイックなほど地味ごのみになり、半襟は黒、着物は藍一色にきまっていた。近江の緑豊かな田園の中に埋れるようにして暮すには藍の着物がよく似合うと思っていたのか。

その頃、滋賀県下の紺屋はぽつぽつ店を閉めていった。母は残念がって、五、六軒の紺屋に布や糸を染めてもらい、「この紺屋の藍色は私の好みや」

とか、「水浅黄の色が物足りない」とか注文をつけていた。織のことについても厳しかった。

「まだ着物のことがわかっていない。修業が足りない」と度々言われた。何と言われても明治生まれの、朝夕着物で育った人間に太刀討ちはできなかった。きりっと筋のとおった着物姿で甲斐甲斐しく立ち働く女性とは違って、いつも少々着くずれた恰好で、たどたどしく機《はた》に向う、およそ師匠らしくない母だったが、物を視る眼はするどく、審美眼（とでもいうか）はたしかだった。

一九六一年に日本伝統工芸展に出品した「霧」という着物をみて、「こんな着物は明治の空気を吸った人間でなければ出来ない」と言う方があってショックを受けたが、私の中に明治生れの母が生きていたのか、織物に対する並々ならぬ執念が残り火のように燃えていて、娘をして仕事にかきたてたのか、その頃の私は目覚めると機に向い、染場の釜に火をつけていた。

母の期待に添うという気持ちより、互いに譲らない個性の相克というようなものがあった。烈しく反発する時もあり、無上の楽しい語らいの時もあった。

母は諸国縞帳と自分で呼んでさまざまの縞を織りつづけた。この小裂帖の中にも二、三点、母の縞がまじっている。八十歳を機に母は機に向うことを止めた。その年を越えて私はいまだに機に向う日々である。

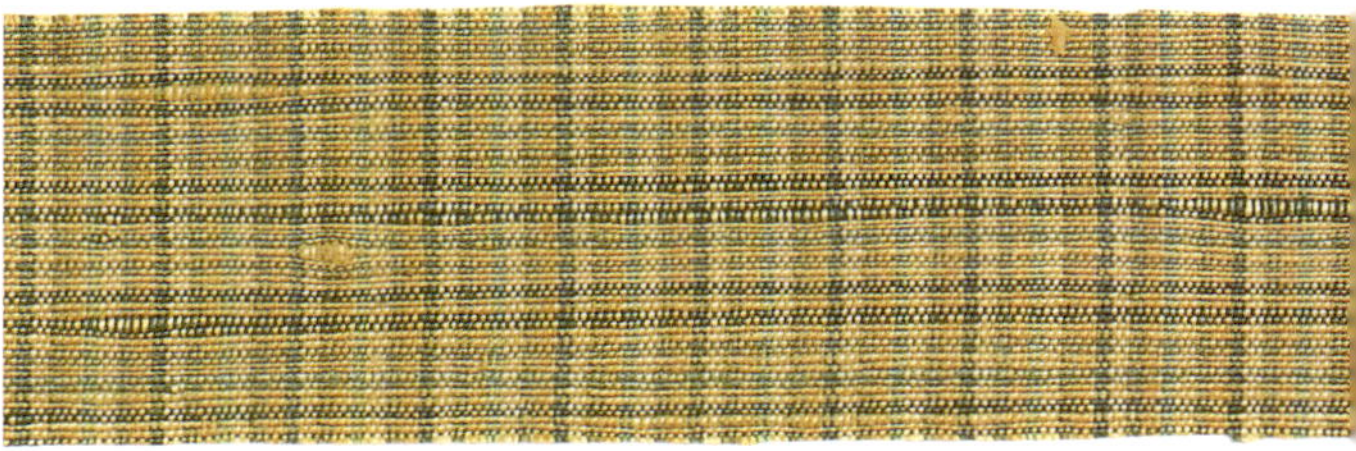

自然現象を織りこむ――暈《ぼか》し

紬織が個人の手によってなされるようになったのはいつ頃からだろう。信州紬など地方では屑繭、玉繭をつかって織ったものが一部の数寄者の目にとまって、デパートなどでも信州紬展などが開かれ、私も見にいった。

一九五〇年代だろうか。それに先立って、柳宗悦先生は丹波紬などにも新しい美を見出され、民芸館ではぼつぼつ紬織の作品があらわれるようになっていた。まだ植物染料の店などはなく、私は植物染料研究の第一人者であった上村六郎先生に連れられて漢方薬店をたずね、渋木《しぶき》、阿仙《あせん》などを求めた。藍は滋賀県野洲の紺九さんで染めてもらっていた。当時紺九さんは、桂離宮の襖紙《ふすまがみ》のために、紺と白の市松模様を和紙で染めていられた。紺、茶、黄など少ない色数で織るのだからどうしても質実な縞模様になる。『小裂帖』の前半部分には、あまりに同じようものばかり並ぶので、削ろうかとも思ったが、いざ一つ一つを見ると、味があって捨てきれない。昔、柳宗悦先生が、「色は沢山あればいいというものではない。三色以上使いこなせるものは天才だ」とおっしゃったことがある。

当時の、色に対して恐れをしらない私は、大した考えもなしに藍の地にさまざまの黄茶、鼠などを入れて織っていた。今、考えれば、藍は空や海、茶は大地、合わないはずはない。絶対の相性である。

浮世絵を見ればよく分る。藍と茶、鼠くらいしか使っていないのに、自然と人間の織り成す活々《いきいき》とした瞬間をとらえている。しかも版画という制約をふまえての仕事である。

カメラのない時代によくあれだけ適確にとらえることができたと思う。便利な機械のかわりに、人間は己の器量を全開して、カメラよりもっと精緻な魂のフィルムにしっかと写しとったのであろう。カメラという器具とひきかえに、浮世絵東海道五十三次の世界は消えてしまった。

あの数少ない色調で驚くほどの自然現象を表し得たのは、一つには暈《ぼか》しという技法が使われていたためではないだろうか。この国の風土と切っても切りはなせないものは暈しだと思う。

私が織の中に暈しを入れはじめたのは、いつごろだったであろうか。湿潤の京都、とくに洛西、洛北は常にしめりがちである。朝に夕に、嵯峨野の山野をながめ、時には時雨《しぐれ》がとおり、霧が立ち、霞がたなびくのを見ていて、ごく自然に生れた。手織りの紬に暈しが入るのはそれまであまりなかったように思う。

一織一織、かすかな濃淡《グラデーション》の糸を入れ、だまし、すかしつつ、暈してゆく。それは織物ならではの世界である。微妙なグラデーションの糸を何段階にも染め、空気の層をとりこむようにして、奥行きのあるふっくらした織肌をつくってゆく。

私は十数年前、雪に埋れた山荘で機にむかっていた。終日雪が降りしきる純白の世界に、そこだけ黒々とした生きものが動いているような渓流をじっとながめている時、さっと一刷毛、淡墨色《うすずみいろ》の影を雪の上にみとめ、その感じを何とか織の上に表現したい、と思った。

その幽かな移ろいを表現しようと、織の肌をなでるようにして織りすすむ。ふと雪の匂いがした。

「雪間川」。黒曜石のようにひかりながら流れていく渓流にかぎりなく吸いこまれてゆく雪の片々、その色は淡墨色なのであった。

日本人があまり色彩の強弱を用いず、山水画などの墨色の濃淡による暈しを好むのは、自然の織り成す現象が、深く日本人の心情に浸透しているからではないだろうか。

水浅黄・生絹（すずし）

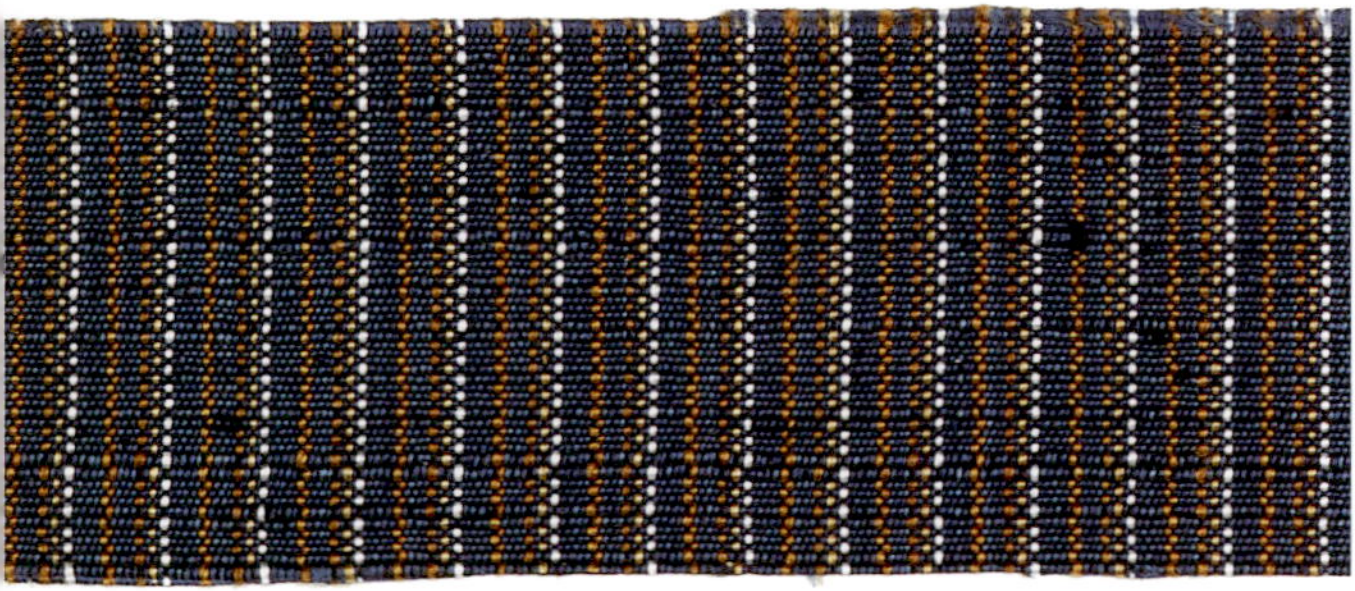

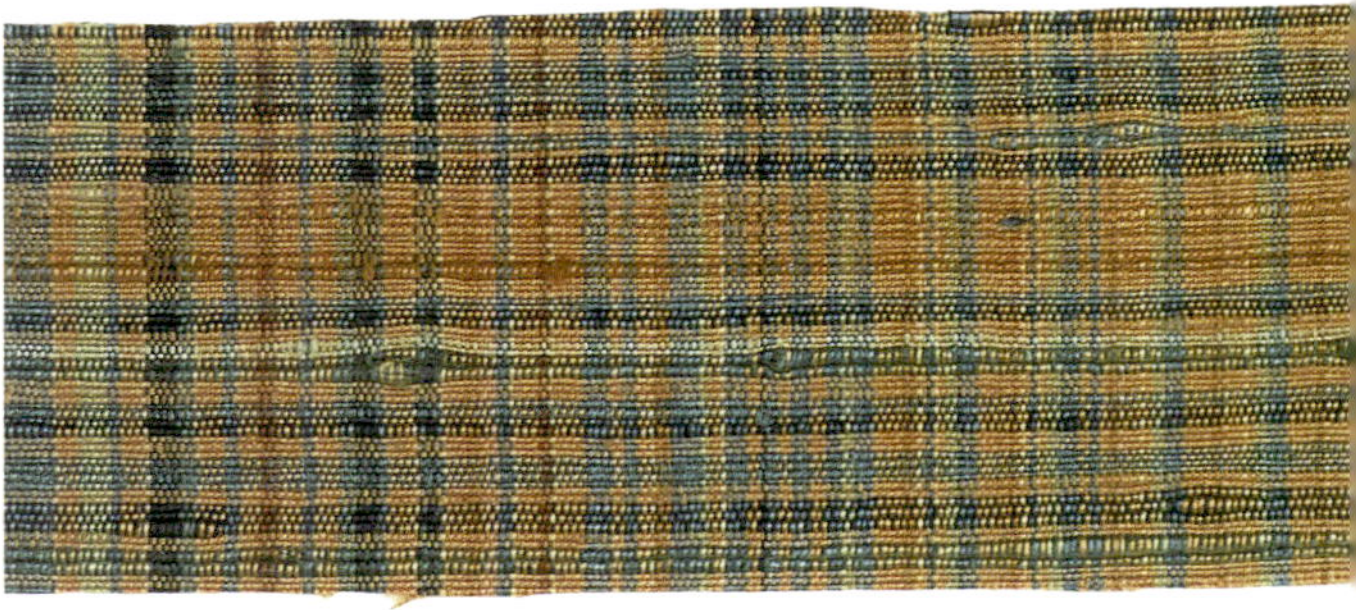

蘇芳

かぎられた色の中に最初に入ってきたのは蘇芳である。織物をはじめて数年は経っていたろうか。この小裂帖の中ほどくらいから、突然、蘇芳の赤が飛び出してくる。当時の私は明けても暮れても蘇芳三昧だった。

当時の蘇芳は輸入品としてまだ貴重だった。

ある時、木工作家の黒田辰秋さんが訪ねてこられ、「思い切って釜一杯蘇芳を炊いてごらんなさい。驚くほどたっぷり使って染めてください。きっと今まで見たこともない真紅《まっか》が染まりますよ」と言われた。たしかにそれまで私は惜しみ惜しみ蘇芳を使っていた。早速釜一杯の蘇芳を炊いた。激しく熱い赤が生れた。私はその赤に魅せられ、裏庭に蘇芳の炊き殻が山と積まれ、塚をつくりたいほどだった。赤にあてられて寝こんだこともあった。

蘇芳は、インド、マレーシアなど南方の島々に生育する樹木で、染色にはその芯材を使用する。そのせいか、同じ赤でも、色の性情が他とは違い、熱っぽい情を感じる。その中でも明礬《みょうばん》による発色の赤は、真紅《フルフル》とゲーテが言うような、最も純粋な、高尚な赤である。その赤は他をよせつけない。その色一色で完成している。昔、私はその色一色で織りはじめたが、配色が全く見つからず、黒、白、金銀など極限の色をもってこなくてはならず、自分の力量に限界を感じて倒れてしまったことがある。

色は純粋であればあるほど協和性がない。

ところが蘇芳は、媒染によって真紅、臙脂《えんじ》、紫紅色、など様々に変化する。華麗で、清純で、妖艶である。媒染によって変化するということは、それを仮に環境の変化とたとえれば、次々変身する女の魔性とさえ感じる。

私はそれを、人間の生きた姿に移しかえて考えてみた。

赤が女の純粋な心情とすれば、一種の聖域である。そんな女性は生きてゆけない。屈辱も、妥協も、虚偽も生きてゆくには受け入れなければならない。媒染によって変化した、そんな赤もまた好もしいのである。人の苦しさや哀しさも抱きとめて優しい赤である。

昔（昭和十二、三年頃）、その頃戦場であった上海の病院に、女学生の私は兵士の見舞いに行ったことがある。見わたすかぎり、重症の方が横たわるばかりだったが、一人の兵士が私に赤い花をもって来てください、と言われた。私は白い花を持っていた。赤は命の色なのだと、そのとき思った。赤が一点入ることによって、その場がどんなに活性化されるかということが痛切に感じられた。赤は炎の色である。夕焼けの色である。

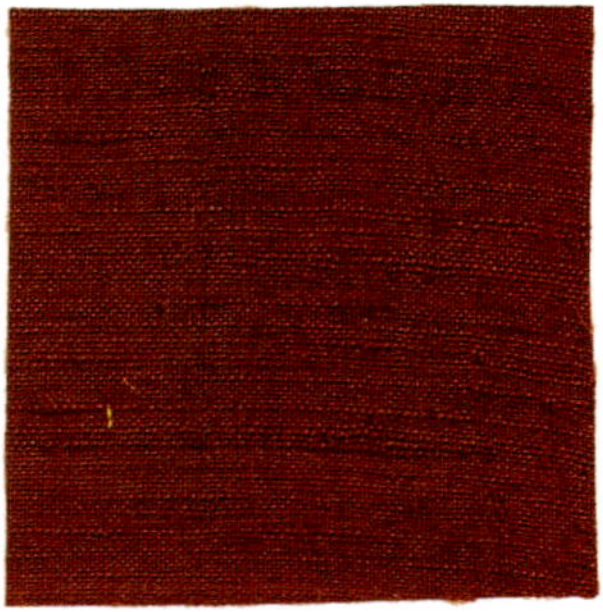

蘇芳

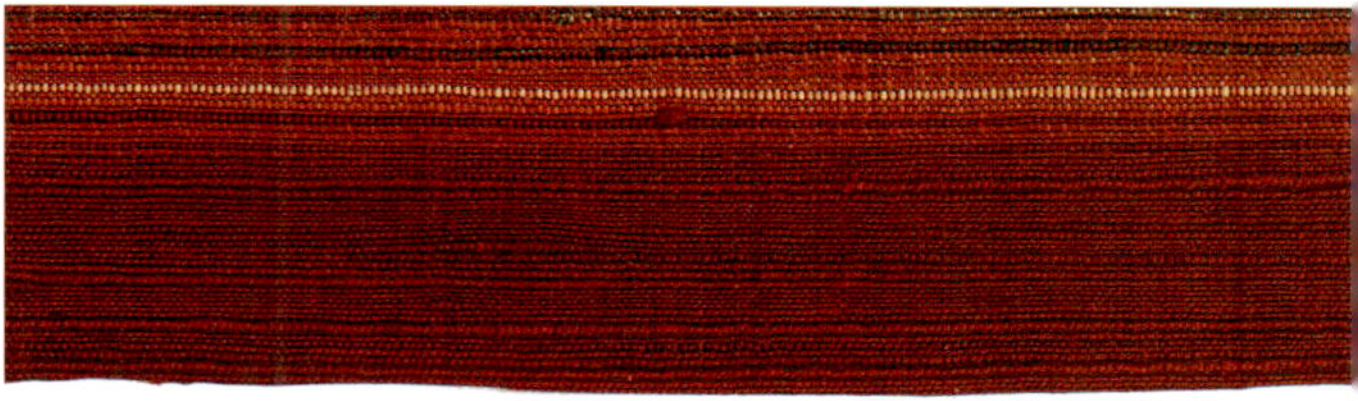
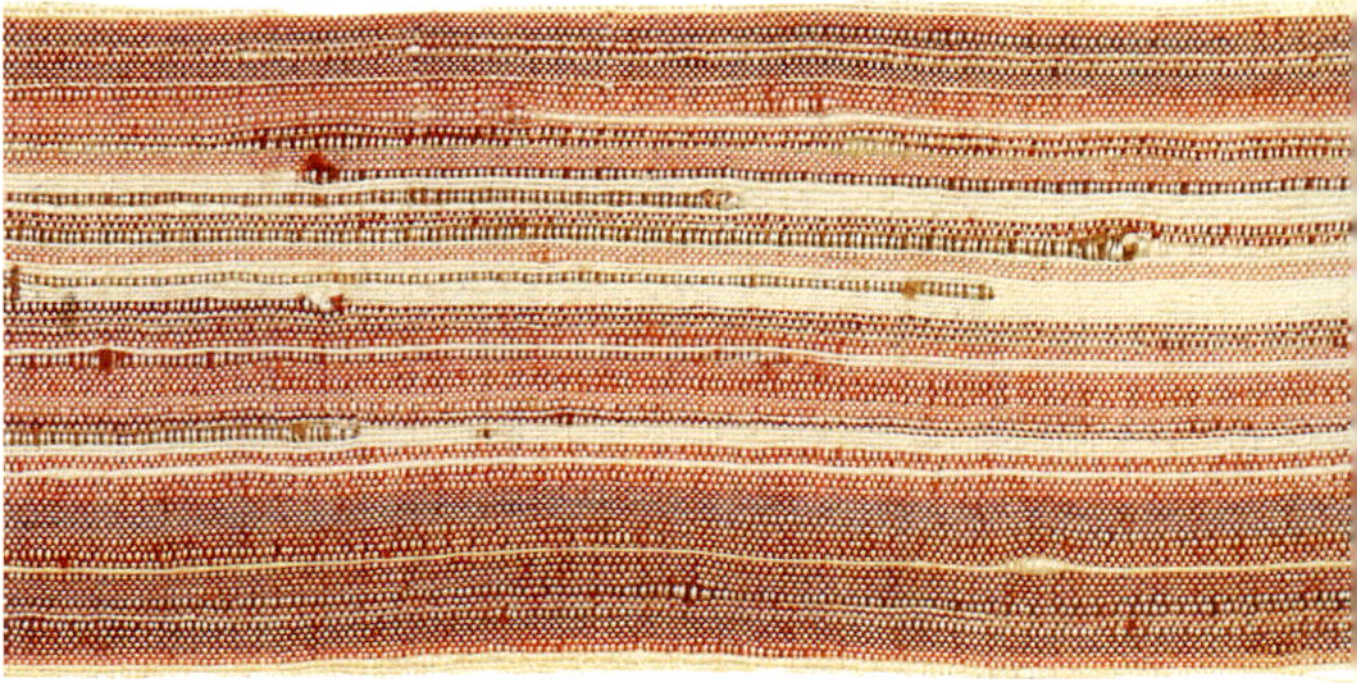
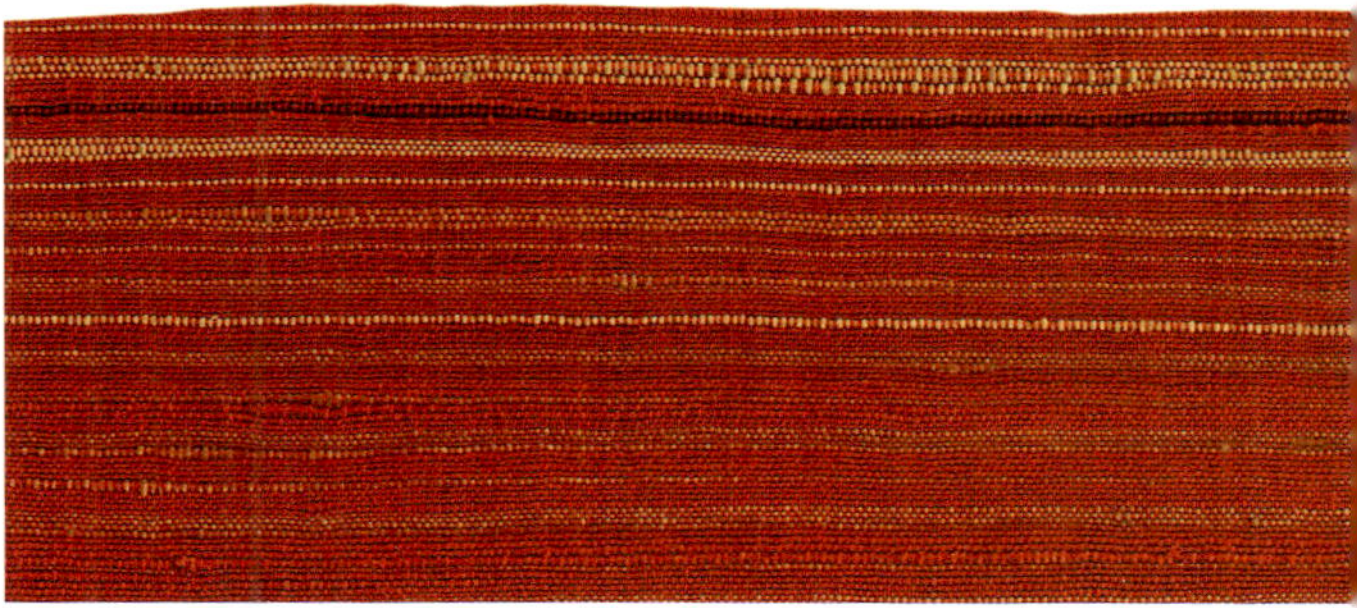

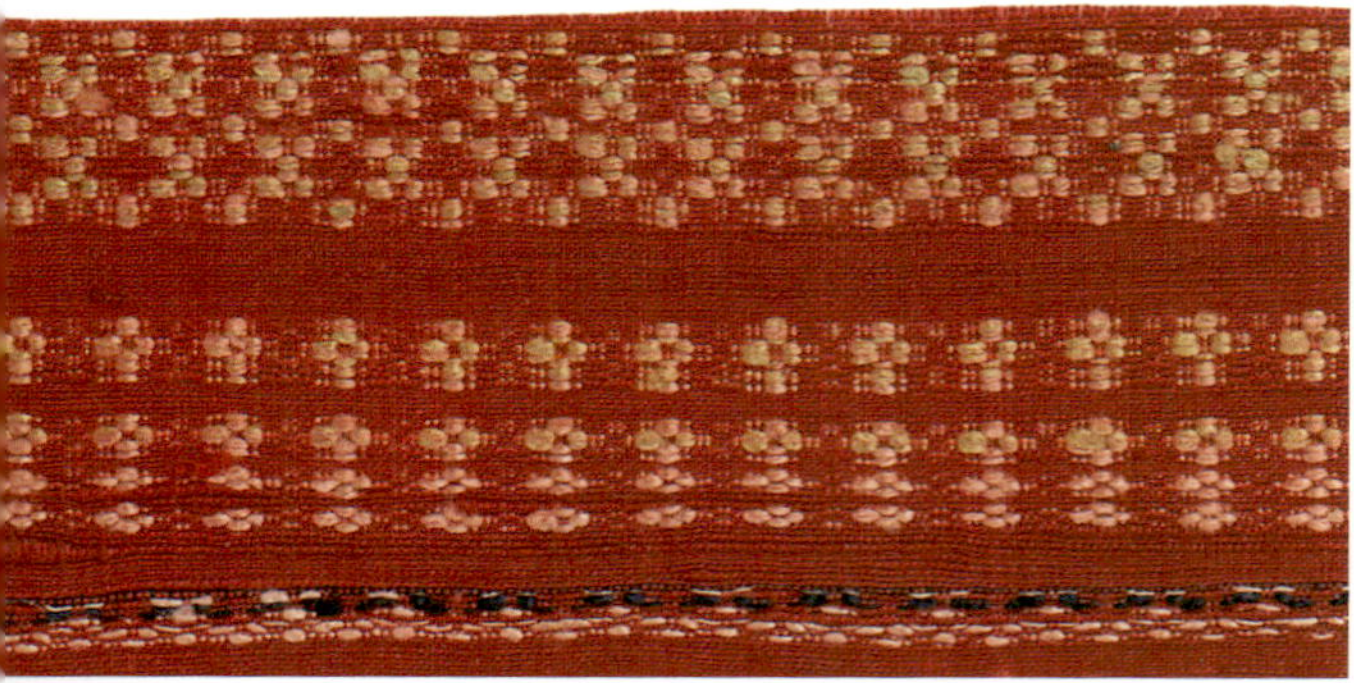

紅花、茜

紅花や茜が手に入るようになったのは、更に数年後だったと思う。はじめて紅花を染めたとき、みな少女のように興奮した。

花で色は染まらないのが原則だから、花びらで染めるなんて夢のようだった。自然には必ず例外があるものだ。しかし、花が色褪せるように紅花の色も命が短い、といわれている。たしかに、昔の小袖などをみると退色しているものもあるが、しっかり染まっているものは、年月を経ても色鮮やかである。すべての仕事に言えることだろうが、そのものへの知識、準備、周囲の協力に加えて、心構え、取り組み方によって変ってくる。それらが整ったとき、おのずといい仕事ができる。染は一瞬である。その緊張感が何度やっても快い。

はじめて紅花を染めた時、湧きたつ思いをもって、十回ぐらい染めかさねた。十回以上になるとなかなか濃くならず、かえって染液に吸われて薄くなるような気がした。その時、「私はもうこれでいいのよ。今が一ばん美しいの」と言われたような気がした。たしかに紅花は、濃くもなく淡くもなく、色の気品を保ちつつ、あどけなく、やわらかいふくらみがあること、それが大切だと思う、少女のもつあの美しさだ。

茜はまちがいなく根の色である。色だけをみてこれは花の色、これは根の色とどうしてわかるのかふしぎであるが、根には根の持つ主張がある。暗い大地に根をはってじっと時を待っている、掘り起こされるまで十年、百年、千年、それは分らないが、ある時、嵯峨の大覚寺の林の中で茜を見つけた。叢《くさむら》の中で何年じっとしていただろう。それを見つけた人が、「先生、平安時代の根かもしれません。家に帰って祀《まつ》りましょう」と言ったのに思わずほほえんだが、今に忘れない。なぜ自然は地中の根にあれほど天上的な色を宿すことになったのであろう。花とは、色褪せる度合いが違う。

たしかに平安期の鎧の緋縅《ひおどし》なども茜といわれているが、色褪せていない。根は堅牢なのだ。そして茜の朱は知的である。

蘇芳を情、紅を憧憬《あこがれ》、茜は知といいたい。

蘇芳は女の情、欲情にもなりかねない危機をはらんでいる。それ故に魅力的だ。紅は清純な乙女の色だ。桃花の色。茜はどちらかと言えば、妻、母の色、大地に根をはってしっかり周囲を守りますという感じだ。どの赤も好きだ。その中でも蘇芳の赤は、藍と対極にあって決定的な存在である。

茜

藍、緑

藍については今日まで様々な場で語りついで来た。今更目新しい発見があったわけではないが、最終に近づきつつある仕事の中でも、藍はどうしようもなく仕事の中心である。

藍の仕事は際限もなく、終りもなく、人類が生きつづける限り存在するだろう、命の根源の色である。海、そこにこそ藍の本性、命がある。今、生命そのものの海が侵されつつある。天に向って祈ろうとしても、その天が病んでいる、と石牟礼道子さんは唱う。海についても同様である。それはすべて人間の犯した罪である。

「不知火《しらぬい》」と名づけた裂を、今、織っている。『石牟礼道子全集』の表紙の裂として使うためのものだ。

世にも美しい不知火の海は、チッソに穢されて未曾有の惨事を招いた。海は必死の自浄作用によって次第に浄化されている。しかし亡くなった人は還らず、今も苦しんでいる人は変らない。その海の霊を招いて、石牟礼さんが書き下ろされた能「不知火」が、二〇〇四年夏、台風のさなか、水俣の海上で上演された。一瞬嵐もしずまり、霊の招魂は祝祭となり、天、地、海も、ともに寿《ことほ》いだことだろう。

そんな不知火の海を織の中にいかに表現し得るか、私にもわからないが、一心に織らしていただくのみである。

藍の精が加護してくれますように、と。

緑は、藍と黄の申し子である。この二つの色彩が合流したとき、緑という第三の色が生れる。これが色彩の不思議、本質、である。この事が生命と深くかかわり、この地上の生物の恩人である植物をまたもや人間が侵していることを、私たちは肝に銘じなければならない。人間のためにのみ植物はあるんじゃない、と叫びたくなる。緑いろの山々野をみたときのあのいいようのない安堵感、よろこび……大切に守ってゆきたい植物であり、緑である。自然は侵されるままに言葉を発しないが、人間は多くの言葉を発して自然を侵している。その代償を誰が負うか。我々の子、孫なのだ。

藍

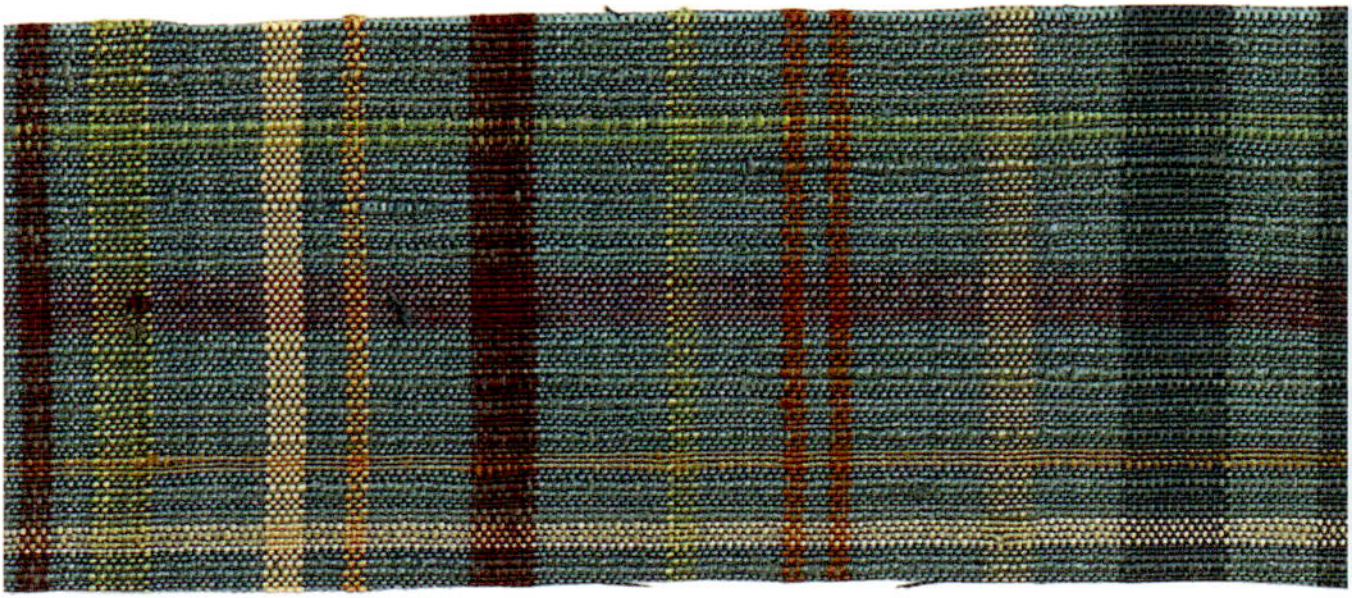

伝えるということ（一）

ここまで書いて、私は何か根本的な疑問を感じている。果して技術以外のことをいくら文字で書いてみても伝わるだろうか。参考書とか教科書的なものはある程度伝わるけれど、それ以外のもの、たとえば勘のようなものはどうして伝えたらいいだろう。

先日も植物（木藤の実と枝）を炊き出していて、一時間くらい経った時、火を少し弱くして、あと三十分くらいそのままにしてと若い人にいったら、「どうやって炊き出す時間を決めるんですか」と言われた。私は答えに窮した。いつも私は植物を炊き出す時、まず三十分から一時間くらい炊いたら、液の状態を見る。例外はあるが、たいていうす茶の液が出ているが、これ以上炊くか、ここで止めるかは植物次第である。もっと炊き出す方が

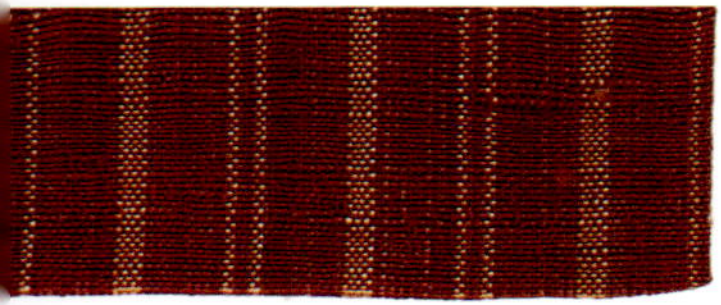

いいかどうかは、液の色やその植物の言い分（状態）を聞くわけであるが、勿論植物は何も言わない。その時、植物がもうこれで十分といっているか、まだまだと言っているかわからないが、一生懸命聞こうとする。植物は何を言っているのか、と——そういう種類のことはいろいろある。ほとんど私の仕事などはそればかりと言っていい。それ故、私のところに織物の習得を考えて来た人には、基本的技術以外は何も教えて上げられない、という気がする。というと極端だが、素材に対する心構えとか、織の基本的手法はしっかり覚えてもらうが、そのあとは自分で考えてやってゆくしかない。ある点では突き放したようなやり方かもしれないけれど、たいていの人は、一年も経つと私よりずっと上手にきちんと織れるようになる。しかし問題はそれからである。もっともその事についてしっかり自覚している人もこの頃は多いけれど、いざとなるとその領域から先へ進むことが難しい。そこから先は教えることのできない領域である。そこで自己が試され、磨かれ、苦悩する段階に入る。染織といっても間口は広く、誰でもできる

けれども、その実、奥行きが深いのである。その国の歴史、文化、伝統に深くかかわり、綿々と今日まで継承されてきた染織の道は意外と厳しい世界である。

また一方、人々の日常に深くかかわり、昔はすべて自分の手で織ったり、染めたりしていたのだが、それがすっかり生産側（主に機械生産）の手にわたり、我々は何でも希むものをかんたんに手に入れられるようになった。そこであきたらない人が自分の手で、ほかにはない自分だけのものをつくりたいとのぞむようになった。今日、染織を習得したい人々が増えたのは、それが一つの原因ではないだろうか。

私なども、母に、呉服屋にもデパートにも自分の好むものが売っていない、私の着たいと思う着物を織ってほしい、と言われたことは、この仕事をはじめる大きな要因になっていると思う。贅沢な高価なものが欲しいのではなく、自分にうつりそうな、売っているものとは一味違う、洒落ているけれど、洒落ているとはちょっと思わせないもの、要するに自分の思い

が通っているものとでも言おうか。自然の繊維（麻、綿、絹）で、自然の染料（植物）で、手織りで織ったものをという基本的な条件がまずあって、その上で、一つの信条というか、控えめ、慎ましさのようなもの（その当時昭和三十年ごろの）を、大事にしたいという、母たちの年代の女性の考え方なのだったと思うが、それはまた自分を活かすもっともいい方法だということを、その人たちは知っていた。

たとえば若い人が地味な絣の着物をきりっと着ていると美しさが際立つように、己を知り、特色を活かすことをわきまえている人が自分の好みの着物を着るということがもっとも大切なことだと思う。

そういう母たちの好みが私にも引き継がれているのか、自分で織るものはずいぶん大胆なものもあるが、私自身は目立たない縞とか絣が好きで、あらたまったところへは無地の紋付を着てゆくことにしている。豪華な衣裳の似合う方はそれは素晴しいと思う、羨ましいとさえ思う。時々、私もまた着られないかもしれないと思うほどの大胆な意匠にとり組むこともあ

る。それは自分のイメージを、衣裳という制約の多い枠の中にどうとり込むかという思いをこめて織るのであって、現実の女性に着てもらいたいと思って織るのではない。

むしろ自分の思い描く幻想の女性に着せたいと思う。しかしそんなものは一生の間に一着か二着ぐらいしかできないだろう。

たまに、とても着るにはむつかしいと思う着物を是非着てみたいという女性があらわれる。自分に挑戦するかの勢いで、その着物に体当たりである。女性の本性というか、未知の可能性に立ち向かう精神というか、女性が着るものにかける思いは凄いものがある。衣裳即ち自分というか、ふしぎに立派に着こなされるのである。そんな時は、私も着物をつくっていて冥利に尽きると思う。

伝えるということ（二）

「着物をつくる時、どんな構想からはじめるのですか」という質問を受けたことがある。

とりたてて考えたこともなかった。

まず感動があると思う。それはすべてのことに言えると思うが、何かに心が揺り動かされ、それが自然であろうと、古典であろうと、現代の問題であろうと、何かしてみたいと思い、イメージが湧いてくる。そして、色。イメージ即、色といってもいい位だ。場合によっては全く色から来る。色と形が一体になって浮び上ってくれれば理想なのだが、なかなかそうはいかない。時によっては思いもかけないところから発想することもある。街路の石畳とか、土塀とか、煉瓦とか、いつも心のどこかにひっかかっている、

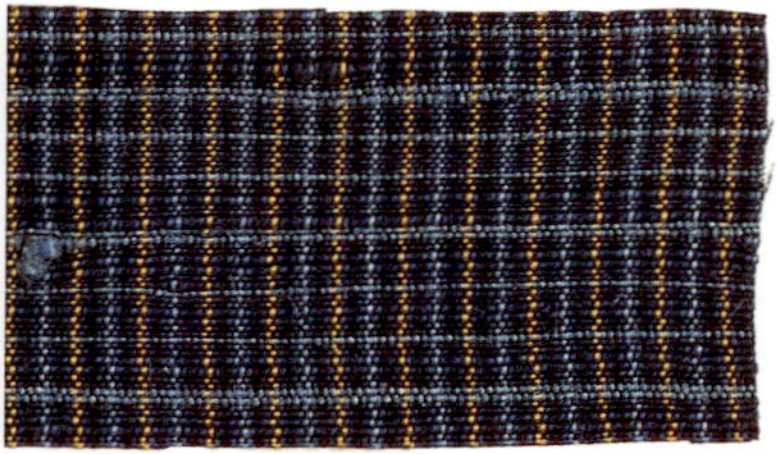

そんな引き出しやボタンを押すところがどこかにあるらしい。自分の好むもの、魅かれる形、線、点、を自分の色で描き直している。単純なものほど魅かれる。それは自分の中で自由に動いてくれるから。常に色は潤沢に持っていたい。丁度文章をかく時、語彙が豊富であれば適切なところにあてはめてゆける。色も心の中に貯えて自由に漂わせていれば、自然と形に結びつく。

いつもそんなにうまくいくものではないが、織りたいという意欲まで持ってゆくのが大変である。まず素材、現実に寸法をもったデザイン、色の基本《ベース》に何の植物染料をもってゆくか、手もとに揃っているか、数々の困難に出会う。それらを克服して織にむかうまで唯一の旗印は最初のイメージの強靭さである。途中で消えてしまったり、変更を余儀なくされるものは発酵不充分なのである。悪条件がかさなってもイメージの力で次々乗り越えられるものがやっと作品になってゆくのである。

自分の中で生れたイメージが、ある必然性を得るにはどうしても目に見

えない世界からの働きかけがあるような気がする。たとえば遠い記憶、心に刻んだ感動的な印象、旅の憶い出、あるいは亡き人からのメッセージであるかもしれない。

今の記憶と、はるかな無意識のあわいに浮んで来る名状しがたいある感情の流れなど、それらをすかさず掬いとって織の中へ移行させる、そんなふうに明確に意識するわけではないが、たしかに宙に浮遊するものを物へ、糸へ、織の構想へもってくるのは危うい作業である。しかしそれゆえに面白く止められないのかもしれない。私の中に色がなければ何事もはじまらない。

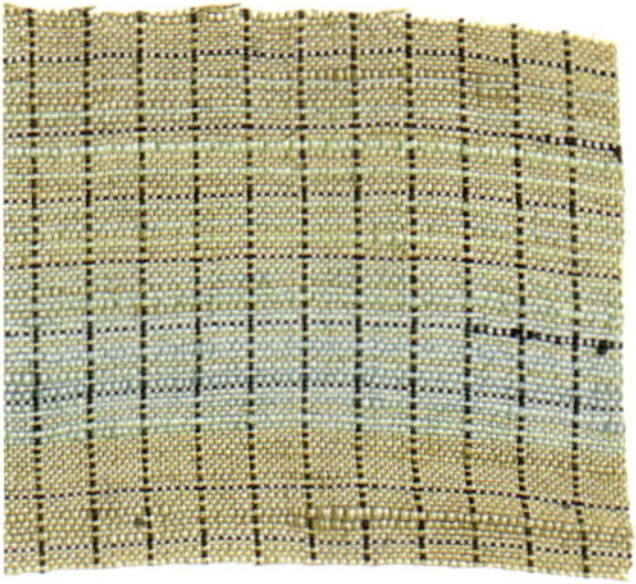

色——言葉では最も表現しにくいもの

イメージは白黒でもそこに色彩が加わると、にわかに生き生きしてくる。生命が宿るのである。その色とはどこからやってくるのだろう。色は本来、現実界にあるものではなくて、生れ出てくるもの、目に見えない世界から薄いヴェールをとおして次第に目に見える世界にあらわれてくるもの。それを人間が自分の内へとりこみ、あらためて色として見ているのではないだろうか。あまりにも漠然とした考え方で表現し切れていないことは重々わかっているが、色ほど言葉で表現しにくいものはない。その点、音も同じだが、両者とも目で見、耳で聞く以外ないのかもしれない。

そこで今、私が染めてきた植物の名前と色とを簡単に列挙してみようと思う。

青

藍草（蓼藍）を原料として蒅《すくも》というものを製し、それを私は四国徳島から取り寄せて使っている。藍について述べることは多々あるが、植物染料の中でも最も奥が深く、その色彩は、化学染料とのちがいを如実に示すものである。即ち、色の生命をもっとも鮮明に染めあげると思う。植物染料の中心、その根幹をなすものだと思う。

藍の生葉染も忘れてはならないと思う。自家で栽培した藍の葉を摘んできてミキサーに一分ほどかけ、袋で絞ってすぐ染める。無媒染。作業をはじめてから三十分くらいで染め上がる。晴天の日を選び、その空の色と競い合う。

臭木《くさぎ》は、山の斜面や川沿いに夏、白い花を咲かせ、十一月頃から青い実をつける。その実を炊き出して染める。まさに青天の色そのもの。

赤

蘇芳、茜、紅花などの植物の中で、蘇芳（インド、マレーシア方面の産）は幹（芯材）、茜（日本、中国、西洋などの産）は根から、紅花（日本、中国産）は花びらから染める。

黄

梔子《くちなし》、刈安、鬱金《うこん》、黄蓮、黄蘗《きはだ》、福木などで染める。無媒染のものが多い。

紫

紫草の根。日本産は温暖化により年々減り、中国、モンゴルあたりから輸入されている。万葉の時代より紫根は椿灰によって媒染する。

緑

この色は単独ではない。藍と、刈安・梔子など黄色の染料とをかけ合せる。例外としてうすい緑を葛、蓬、せいたか泡立草などで染め出すことができる。はじめ木灰《あく》を少量加えた湯で煮出し、酢酸銅などで媒染する。黄と藍をかけ合せて出る緑とちがって、うす緑の、葉の裏のような色合いである。藍の生葉、臭木、葛などはいずれも山崎青樹さんの研究によるものである。

茶

すべての植物の幹、枝などで樹液のようなうす茶が染まる。それを木灰、石灰、明礬《みようばん》等で媒染すると茶系統が染まる。

鼠

茶と同様に染め出した植物の樹液のようなうす茶色を鉄で媒染すると鼠色になる。植物から染まる茶とか鼠は数え切れないほど多様で、日本人の最も好む色である。百茶、百鼠、あるいは四十八茶百鼠といわれる所以である。

黒

植物染料から黒そのものを染め出すことは困難である。檳榔樹《びんろうじゅ》、ロッグウッドなどの鉄媒染、藍下に濃い鼠をかけ合わせて鉄媒染をするなど、何回もかけかさね、そのたびに鉄で媒染するので糸、生地などがいたみやすいので私はあまり黒を使わず、どうしても必要な時は化学染料で少量使うことがある。

藍・刈安・蓬

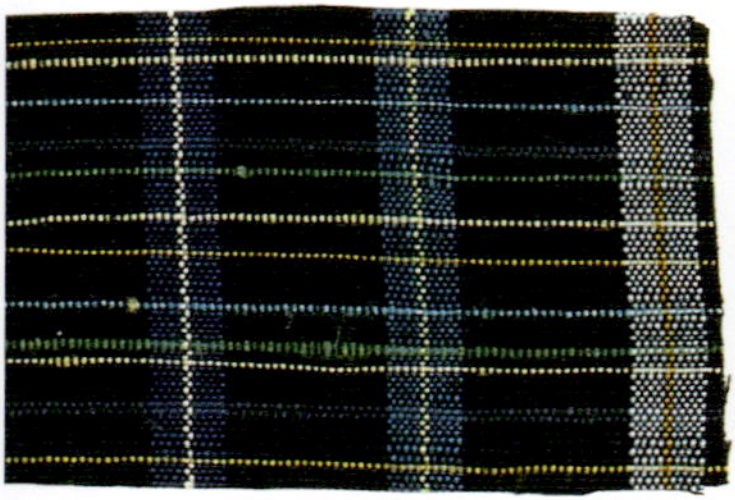

アルカイックな織物

昔、ある美術館から私の最も初期の作品、「鈴虫」（一九五九年）をもう一ど織ってほしいと依頼された。

まだその頃はその作品を織った時からさほどたっていなかったので、私はお引受けして織りはじめた。何か違うな、と時折、胸をかすめたが織り上った作品を納めた。ところが思いがけずこれは「鈴虫」とちがう、アルカイックなものがない、と返却されてきた。

私は相当ショックをうけ、自信を失った。たしかにそのとおりだ、初期のその作品とは違う、むしろ織は整い、色も鮮明である。しかし初期ののは、何か全体が重く沈み、底力がある。織の技術は拙い、色も充分に使いこなされていない、それなのに作品自体が何かを語っている。拙い言葉

かもしれないがその時に織った私の心情を語っているのだ。

その頃私は離婚し、二人の子供を手ばなし、何一つ先の見通しのたたぬまま近江の里へ厄介になって必死に織っていた。夕ぐれ時の山すその竹林が風にゆれ、蒼い空が物哀しくおおいかぶさっている、子供はどうしているか、いつ手もとにひきとれるか、そんな思いを片時もはなれずひきずっていた。お金もない、材料もない、あるのは必死な織物への思いだけ。今思えばそれが私を支え仕事をさせていたのだろう。思いもよらないことだったけれどその作品、「鈴虫」が賞をうけた。それをもう一つ織ってくれという美術館のたのみだった。

同じものができるはずはない、それは歴然としているのに愚かにもその時気づかなかった。むしろ、その時はその時の鈴虫が織れると思っていた。しかし鈴虫は一回きりだった。どうしてその時の心情にもどれるだろう、何もかもが違っている。そのことに気づかぬ愚かさ、私はその事によって思いしらされた。すべては一回きり、ただ一度だけ、アルカイックが繰返

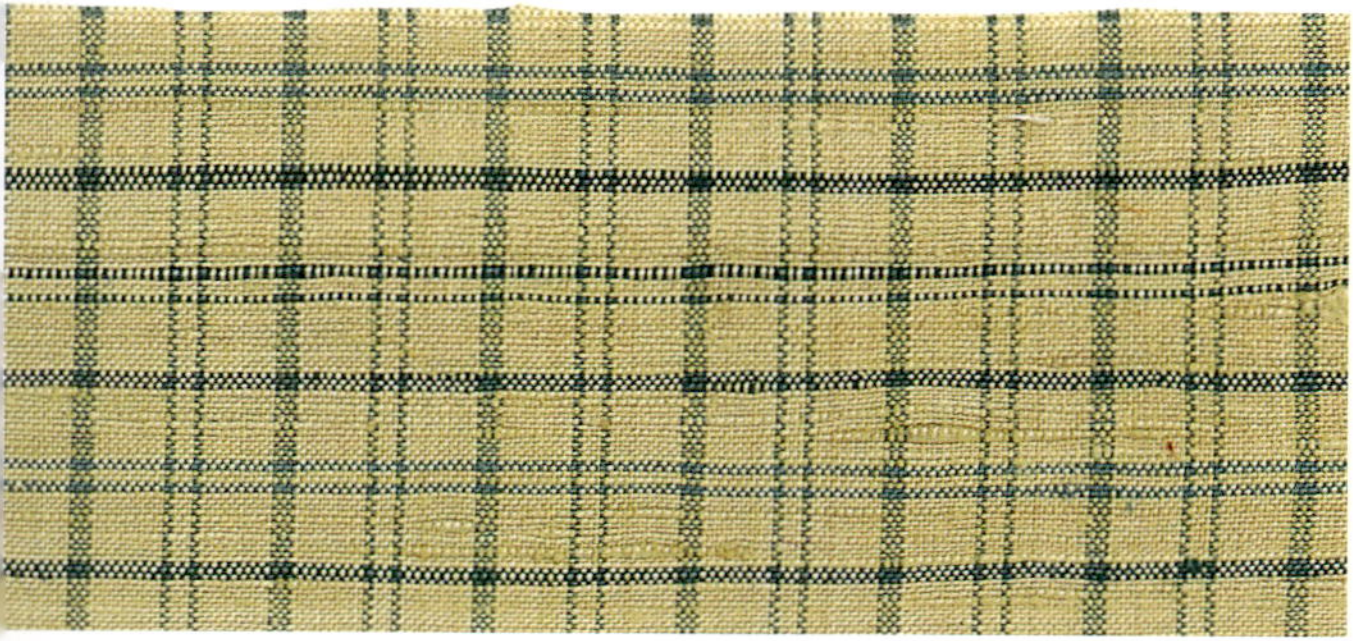

されるはずはない。

その後もう一ど辛い経験をしたことがある。ある作家から藍の着物をたのまれた。お送りしたが返された。私の思いとは違っていた、と率直な気持のいい手紙だった。その時もその方が私の藍にあるアルカイックな魅力を求められたのだと思う。たしかにそれはなかった、と私は納得した。厳しいのは私が私に対して怠ったかえり矢である。的をはずしたのは自分で、世間は的をはずさない。

それからもう一つ、これは最近感じたこと。もう六十年も前に母が織った着物「吉隠《よなばり》」を私はここ何十年着つづけている。あまり好きなのでどうにかして私もこんな着物を織りたいと願いつつ、何どか挑戦しても似て非なるものしかできない。

降る雪はあはにな降《ふ》りそ
　吉隠《よなばり》の　猪養《いかい》の岡の寒からまくに

という万葉集の——但馬皇女薨《たじまのひめみこみまか》りまししし後、穂積皇子《ほづみのみこ》、冬の日雪降るに、

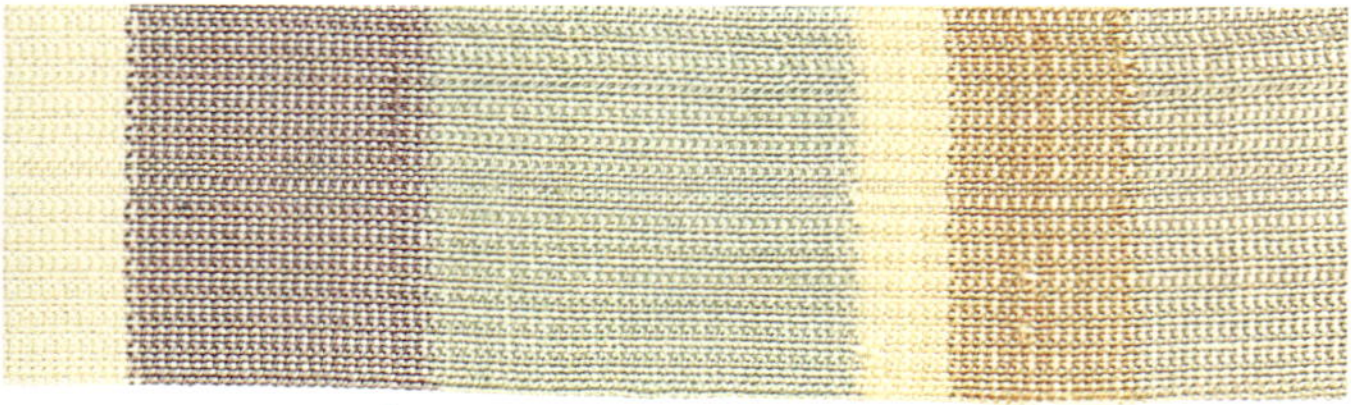

遥かに御墓《みはか》を見さけまして、悲傷流涕して作りましし歌——この歌を母が愛してその思いを織ったのだと聞いていた。明治、大正の空気を色濃く吸って育った母の時代、語りきかせてくれた上方の女の暮し、家の奥深くひっそりと、しかし濃密に日常の陰翳のあるしきたりの世界に生きていた女の、そんな情感が今の私ににじみでるはずもない。それ故に憧れは果しなく、明治の女性の息のつまりそうな情念の数々が、たとえばあの頃の小説、漱石の『門』『それから』の、お米や三千代の面影から匂い立つように浮んでくる。

密室の白百合の、罪をふくんだような香りと共に、身にしみこんでくるようだ。

おさえてもおさえても、地味で堅実な着物の袖の振《ふり》からこぼれ落ちる鮮烈な紅絹《もみ》の紅《くれない》。

明治に生きた女達の色香は、闇の中にしずかに消えつつあるのだろうか。

桜・枇杷

春の野草
――よもぎ、せいたか泡立草、げんのしょうこ、からすのえんどう

総じて春の野草は成長が早い。

二、三日野に出ないと見まごうばかりに丈高く育っている。それでも葉先や、穂先の初々しい緑、摘まんで食べたいくらいである。申しわけないがその柔らかな部分をいただいてくる。材料が野には無限といっていいほど豊富だからそんな贅沢も許される。

晩春ともなれば緑はやや黒ずみ、葉は厚く堅い。すると染めあがる色もちがうのである。それ故晩春から夏にかけての野草は染めない。

早春のものは、これだけは番外の、葉や茎から直接うす緑が染まる。それもホワイトグリーンといいたいような爽やかな緑、透明で早春そのものの初々しさである。今年は近くにハーブの群生を散歩の途中見つけたので

早速若い人達と出かけてみると、ハーブばかりではなく、一面せいたか泡立草の野原に驚き、沢山いただいてきた。聞けばそのあたりは二、三日後に宅地として売り渡されることになっていて、まさに危機一髪で私たちは最後の野草を入手したのだ。

案の定、それは目にしみるような初々しいうす緑だった。

身辺に迫り来る開発の足音、やがてこの地球は人間の愚かな欲望の餌食となって、まず植物が犠牲になってゆく。今年は一層そのことを痛切に感じさせられた。このハーブもせいたか泡立草もかたみの色となったのである。

いつまで草木を染めて仕事をしてゆくことが出来るか、私達はかけがえのない仕事をたまたまさせていただいていることを心底に深く刻んで仕事をしてゆきたいと思っている。

山支子

今から二十数年位前だったろうか、はじめて紅花が手に入った時は興奮した。花びらから色は染まらないと信じていただけに、この無数の花びらを手でもみ、妖しいほど美しい紅色が出た時は夢のようだった。この世のものとも思われなかった。

紅繧繝《べにうんげん》という作品をつくった。伝統工芸会に出品して全国を巡廻した時、褪色して白くなっているのではないかとドキドキして最終回の会場に見にいった時、色鮮やかな紅色は少しも変らず美しかったのでほっとした。

花びらで染めた色は褪せやすいと言われ、そう思い込んでいたが、考えれば中世や江戸期の小袖や能衣裳の紅がすべて褪色しているわけではない。今も変らず可憐な紅色をのこしている。それは染色に非常な手間と熱意がこもっているからである。

紅花は高価な材料で庶民の手にはおえないけれど、貴族や大名は金にいとめをつけず充分の材料で染めさせたのであろう、今もさる大名の姫君の衣裳は見事な真紅を保っている。どんなに沢山の紅花が使われたことだろう。

しかし私は紅花の赤よりは、紅花らしい紅色、やや濃いピンクのような色が好きである。

去年の秋、偶々立ち寄った法隆寺の傍の古代裂の店で思いがけず紅花染の能衣裳を入手した。その紅の色の高雅な天上的な美しさに魅入られてしまって、十数年ぶりに紅を染めた。すでに八十歳を越えた老齢になって、まるで孫娘のような可愛らしくもやさしい紅の衣裳を織るとは！　思わず胸が高鳴った。一気に糸に吸い上げられる紅の色のまじりっ気ない純粋さ、嘘のない生《き》のままの色の真底、この色は何？　と思わず初めて対面するような新鮮さでむかい合った。

この仕事をはじめて五十余年、かつて紅を染めたこともあるのになおこの感動は何だろう、年老いてはじめて感じる色の真の色気とはこれではないかと、蘇芳も茜もそれぞれ赤のもつ情熱、知恵、真実は充分にわかっていると思っていたが、この紅の色はそれらを越えて、別次元にさそわれる色なのである。現世の紅、俗世の紅、それがかもし出す一種の妖しいまでの可憐さ、初々しさ、それが紅だと思っていた。

しかし今、それらの領域から立ち昇ってゆく色の昇華。それが紅のあたえてくれた聖なる色香なのではないだろうか。

紅花

玉葱

あのパリパリした玉葱の薄皮から、こんなにも豊かな、中近東から東洋の諸国に至るまであらゆる庶民の色を代表する色がでようとは！　嘘のようである。しかしまぎれもなく、茶、黄、金茶、赤茶、焦茶、暗緑茶、等々、媒染により無限にさまざまの色が染められる。

手軽である。どんな家の台所にもころがっている玉葱、むいた皮を捨てないでおいておけばいつでも染められる。堅牢である。

何となくバタくさい西洋の匂いがするかと思えば、東洋の男性そして日本の武士にさえよく似合う色なのである。藍との配色は絶妙である。大地と海、私はどんなに多くの作品をこの組合せの配色で創ってきたことだろう、恩恵は測り知れない。

玉葱・一位・梅

紫の象徴

色は、ある意味象徴である。

伊原昭著の『平安朝文学の色相』という本の中で、「紫の象徴――源氏物語における」を読んで深い感銘をうけた。その時まで紫という色がこれほどまで源氏物語の根幹にふれ、色が小説の構成上重要な役割、ほとんどその骨子をなしているということに気付かなかった。もともと紫草というささやかな植物の根が深く人と人を結びつけ、ゆかりの色、根を共にするゆかりの色としてとらえられていることにも驚嘆した。

「紫のひともと故にむさしの の草はみながらあはれとぞみる」といわれるように一人の愛する女性を紫にたとえ、その根とつながるものはみな哀れ深く思うというその歌のとおり、源氏は母桐壺の面影を宿す藤壺に恋し、その姪である若紫という少女に心をよせる、というのが物語の発端である。いずれも紫の色香を宿す美しい女性である。それほどに一本《ひともと》の紫草がこの大小説を創造させたとは！

一体紫という色はなぜそのような絶大な魅力をそなえているのだろう。昔、母が、紫という色は難しい色だと、滅多に着物に着たりしたら色に負けてしまう、余程の美人か個性のつよい自信のある人でないと着こなせない、それ故私は帯〆とか羽織の紐とか草履の花緒とかお財布とかにちょっと紫をつかっている、紫をどこかに身につけているだけでうれしいものや、と言ったことがある。たしかにそれは私も実感する。紫の着物を織るのには余程覚悟がいる。

今までこれという自信作はない。一つだけはじめて紫根が手に入った時、うれしくて来る日も来る日も紫根を染めた。その頃はもう日本中になかなか紫根は自生しなくなって——温暖化か——中国の内蒙《モンゴル》から輸入されていた。万葉の頃の紫野の紫根はどんな色であったろう。おそらくずっと奥床しい色であったに違いない。額田王がどんなに美しく紫に映えて中大兄皇《なかのおおえのおう》子《じ》を魅きつけたことか。想像するだに心が躍るようだ。

さて、私の染めた紫は万葉の頃に及ぶべくもないが、ただひたすら染めた紫をグラデーションに配して作ってみた。今は滋賀県立近代美術館に収まっているが、唯一それが私の紫の作品と言えようか。一概に紫といってもその色相は広く深い。椿《つばき》の灰汁《あく》の媒染によって、赤味にも青味にも変り、本当の紫はどれか誰にもわからない。ある時は下品に、野暮ったく、ある時は高貴に床しい風情ともなる。貴族上臈の女性から江戸の粋な姉御や遊女まで、変幻自在である。ほんのひとすじ紫を織の中に入れるとふしぎや幻想的な雰囲気が生れる。それは紫の魔力、妖艶な影をひき出すのだ。青でもない、赤でもない、その中間にあって独自の世界を醸し出す演出家である。

それ故、毒にもなり、薬にもなる。妖しい香煙の如く、追いかけても追いかけても摑《つか》まらないふしぎな色彩である。

紫根

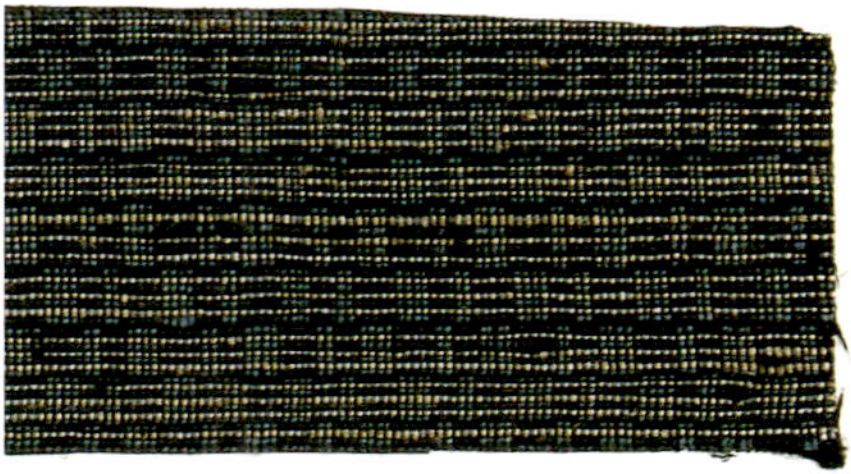

鴗《そにどり》の青きみ衣《けし》——翡翠《かわせみ》

「ガラス戸のむこうに森があると思って、翡翠はとんできた。森の樹々が彩づきはじめた秋の朝、翡翠はヴェランダによこたわっていた。掌にいだけば、まだあたたかく、やわらかく長い嘴のみ冷たいのだ。誰がこんなに美しい衣を着せたの、藍の甕からひきあげて絞り切ったその瞬間のエメラルドグリーン、その羽はまだ藍の滴の抜けきらない暗紫、茶色をのこしていた。その暗い闇にエメラルドの点のような星々が天の川のように、小さな頭部を飾っていた。

鴗《そにどり》の青きみ衣《けし》——と古の人がうたったその羽を、一ぱいにひろげて川面をとぶ時、青い宝石が走るようだった。私はしばしばそれを見かけて目に追った。今、やすらいで私の掌にその羽をゆだねれば、芳ばしく匂うよう

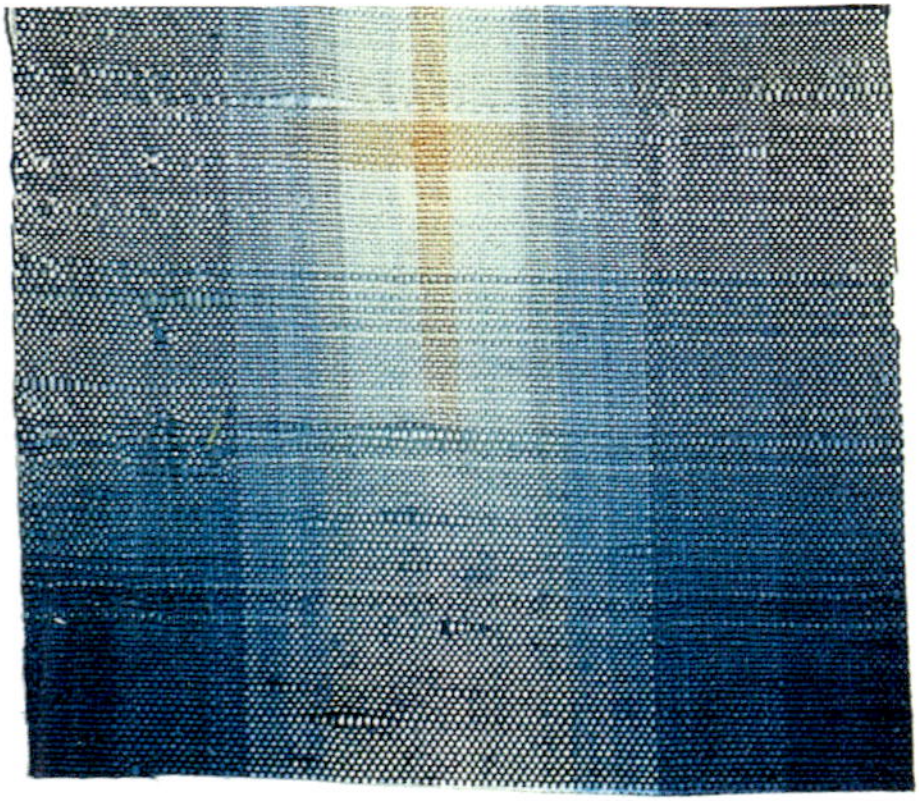

な小麦色の胸毛、艶々と輝く黄金の羽は内に光を抱いていたのだ。
かくも微少な存在に、闇と光の精妙な衣裳を着せ給うたのは誰方《どなた》ですか。
この片身替りの妙技を天《あま》の棚機《たなばた》であなたは、織られたのですか」
（一九九五年頃につくった詩）

十年以上前、森の中の小舎に住んでいた時、勢いよく飛んできた翡翠が ヴェランダのガラス戸にぶつかって命をおとした。ガラス戸には目の前の緑の森が生き生きと映っていたのだ。

まだあたたかい小鳥を抱いてその羽の美しさに驚嘆した。滴るばかりの青緑、どんな花より、どんな宝石より美しいと思った。

以前アムステルダムの街角で鳥の羽ばかりを飾ったショーウィンドウの前で息を呑んだことがある。およそヨーロッパの街々のどんなショーウィンドウでもこれほどの見事な装飾を見たことがないと思った。インディア

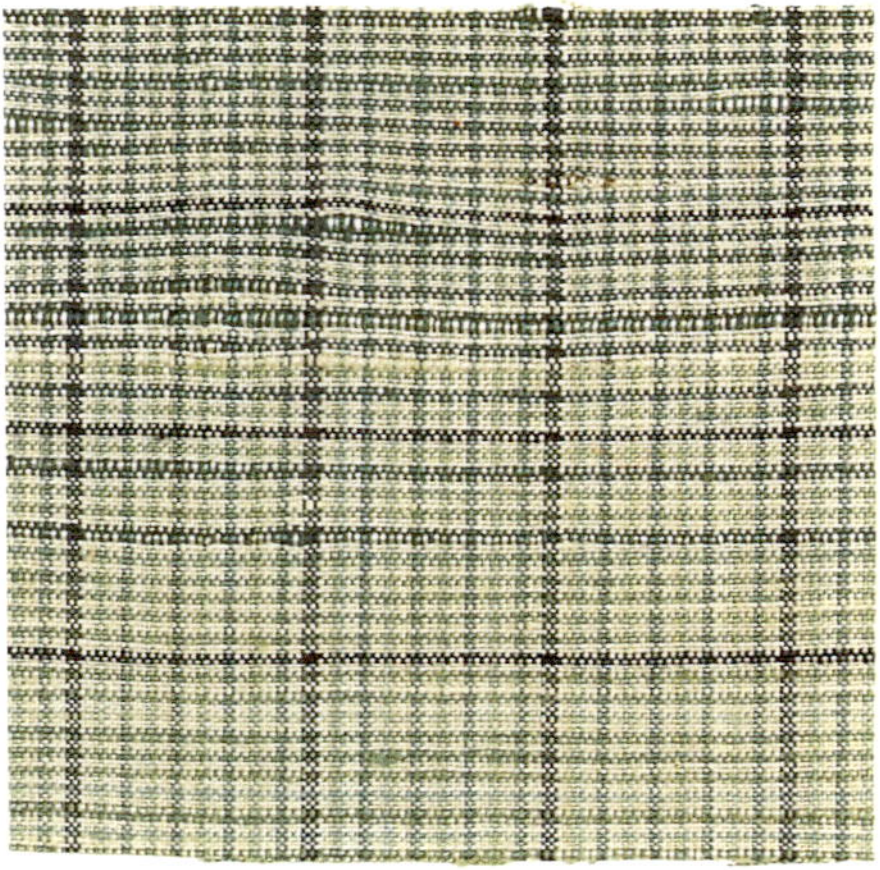

ンの羽飾りか、胸当てか、その色彩の強烈なことは言葉にあらわせない。

色として次元が違う、ということはすでに鳥の本体は死の国へ飛んでいる、この地上にのこされた羽は骸《むくろ》なのである。にもかかわらず生前のそれにもまして光り輝いているのだ。なべて動物の毛皮や鳥の羽は死後も全くその色を変えない。人間とちがって。私はそれがいつもふしぎだった。生命のないものがなぜその色、形を保っているのか、何か格別の神の配慮によるものか、と。

神話にも動物の毛皮や羽をまとって黄泉の国へ行く話がある。何か霊力があるとされている。ということは色に霊力があるということだ。アフリカやインディアンの人々が目もくらむような原色を用い、鳥の羽や毛皮などを身にまとうのは魔物から身をまもるためである。彼等のあふれる生命力、生きるエネルギーをひしひしと感じる。それに反して現代の都会の風潮としては、華美な色彩を避け、白、黒、灰いろなどが主流である。ある女子大学で講義をした時、みなさんの好きな色は？　と聞くと、大方の人

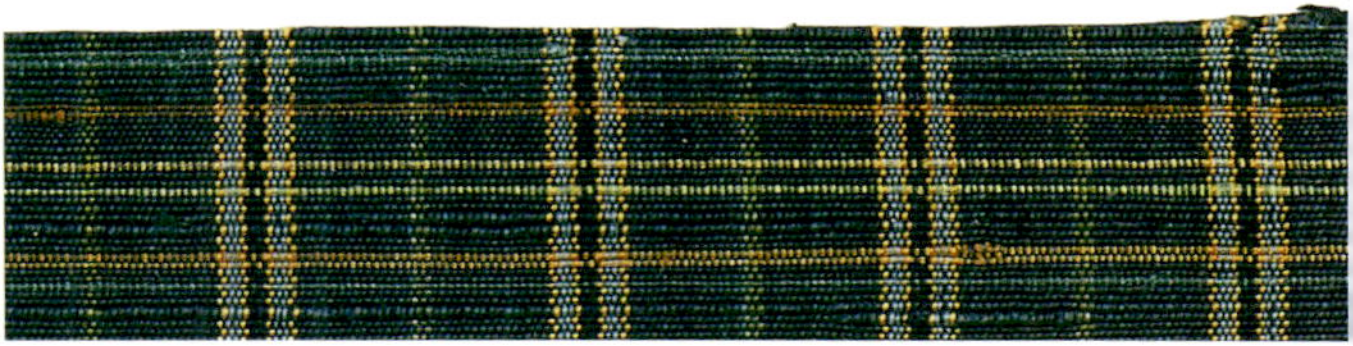

が「無彩色」と答えた。近代的な功利主義の社会にあっては、人々は物質的な恩恵を受けすぎ、みずから生きるエネルギーを使わずして消耗し、無気力に傾いているのではないか。若者が無彩色というのは不安な社会の象徴ではないかと思う。

古代においては色名はほとんど植物からとっているが、江戸時代まで下ってくると、周辺の身近かな動物の色名が文学作品の中にしばしば見られるようになる。なかでも興味をひくのは鳥の羽色である。まず鳶色《とびいろ》（暗い赤褐色）、黒鳶、紅鳶、赤鳶（鳶八丈）、鶯《うぐいす》色（暗い萌黄色）、鶸鶯《ひわうぐいす》、鶯茶、烏羽色、烏の濡羽色（黒い色）、山鳩色、鳩羽色、鴇《とき》色（ピンク）、雀色、雀色時、鳥の子色、そして翡翠《かわせみ》色。

鴗《そにどり》の青きみ衣《けし》などは最高の色彩表現ではないだろうか。なかでも雀色時などは少しずつ暮れかかる頃の雀の羽の変化をとらえているのか、何とも心憎い。

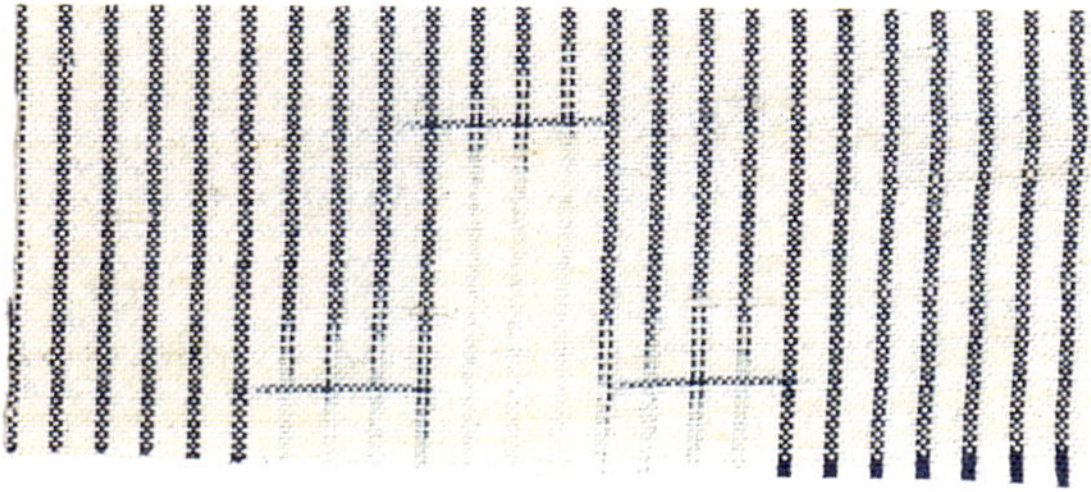

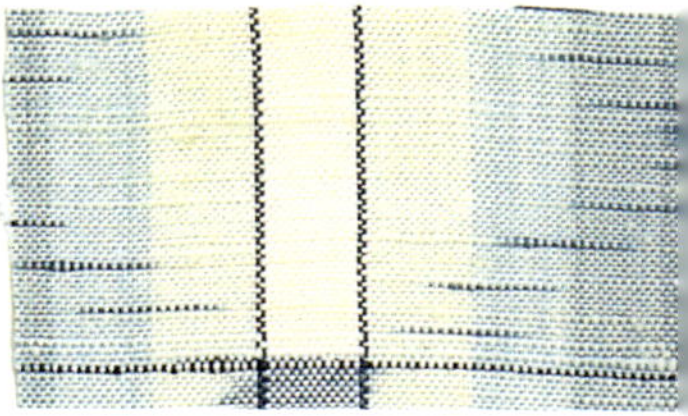

動物の毛の色も実に面白いのがある。

猩猩《しょうじょう》、猩猩緋（緋色の濃い色）、しゃぐま（赤熊）、鼠色、藤鼠、藍鼠、茶鼠、利休鼠等々。なかでも中世以後、「狐色」がしばしば文学作品などにも出てくる。「まあ、こんがり狐色に焼けて……」など料理の場合も、人の肌の場合にも言うのを私達はなかば無意識に使っている。犬や猫、馬などの毛並もなかなか美しいものがあるのに、犬色とか猫色とは言わないのは狐には特別化けるという霊力があるからではないか。動物、とくに獣《けもの》の匂いがしないせいか、よくわからないが狐色のイメージは決して臭いとは思わないのである。

動物や鳥、昆虫などの精微な色彩は、はるかに人智を越えていて、造化の神の遊戯《おあそび》であり、我々への賜物ではないかと思われる。

阿仙・一位・渋木

くさぎ（臭木）

なぜこの美しい色を私達に提供してくれるくさぎを臭木などと失礼な名で呼ぶのか。

実は枝を折ったり、葉をもむと匂うのである。

それは決していやな匂いではない。ビタミンのような甘い匂いだ。昔の人は草木の命名に実に詩的な素晴しい名をつけるかと思えば、臭木のような、またはへくそかずらなどという実に実に失礼な名をつけて私を憤慨させる。名誉挽回のために美しい名をつけてあげたい。たとえばくさぎは「天青」（本当に天の青のような水色が染まるので）とか、へくそかずらは「天使のため息」とか。昔、紀州を旅した時、谷一面をまっ白におおうくさぎの群生をみた（くさぎは夏白い花を咲かせ、秋になると、まっ赤な萼の上に宝珠のような青い玉のような実をのせる）。思わず列車から下りて谷へ飛んでゆきたいほど魅きつけられたが、その後白浜の知人にたのんで毎年くさぎを送ってもらった。

この青い実から染まる青磁色は藍甕の水色とちがって、何か琅玕《ろうかん》のような、半透明の色なのである。小さな実だけで染めるのだから非常に貴重な染料であり、中国故宮博物館でみた青白磁のような色である。

私はいつか天青の実という詩をかいたことがある。

天青の実
紅万作《べにまんさく》や　満天星《どうだんつつじ》の
まぶしい照葉が散ると
丘陵地や、森は、
深々とした落葉と、実の季節に入る。
雪におおわれる前の

短かい晩秋の空に
くさぎは精一杯の枝をはり、
小さな壺をかかげて
天の青い滴を、その実に貯めこんでゆく。
私はその実をあつめて、
なめらかな蠟質の
玉のように半透明の瑠璃色を、
糸に染めるのである。

くさぎ

藍・刈安

媒染のはなし

この仕事は常に三つの元素から成り立っている。糸の原料である蚕の糸——動物、染料である植物、媒染剤（灰汁、明礬《みょうばん》、鉄、銅、石灰）としての鉱物。

例えば一つの植物、梅の樹液から染めた糸をそのままでは染色とはいえない。必ず媒染ということをする。今、梅で染まったうすいベージュ色を、灰汁、鉄、石灰などの媒染液に浸すと、灰汁はピンクがかったベージュ、鉄は鼠色、石灰はやや濃いめのピンクベージュである。

媒染剤によって化学反応をおこしてそれぞれの色に定着するといってしまえばそれまでだが、実はそこに微妙な色相の変化というか、染色をもし科学的にとらえるならそれなりのデータを作成できるだろうが、そうではなくこちらの心情のヴァロメーターといおうか、「あ、そこまで」とか「もう少し」とか「そこで決まり」とか、もし心の中に秤《はかり》があればその針が微妙にゆれ動くのである。教科書や研究書にもかかれていない、私なりの目盛りがあるような気がする。

もしその規準を強いていえば、「生き生きしている」、「輝いている」、「精気がある」という規準ではないだろうか。

染色としてはもう一ど原液に二十分いれて、それからもう一ど媒染液に入れてというくりかえしの規準があるはずである。それは染色に最も大切な堅牢度という問題である。それをないがしろにして染色はあり得ない。それならば私の場合それを無視していいのか、褪色しやすいのではないか、という不安、疑問が湧く。どっちをとるか、色の鮮度か、堅牢度か、悩むところである。

しかし度重ねて原液から媒染剤に入れる中に色が固定し、透明度を失うのをたびたび発見する。

「しっかり染まっている」と、「どこか色がゆらぎつつ光っている」という二つの間を振子のようにゆきつもどりつ、私は五十年近く、染めの仕事をしてきた。そして結論に達した。

「私は美しい色を染めるのだ」と。

美しい色とは何？　生命が輝いていること。それしかない。「色は匂えど散りぬるを」と昔からうたわれているように、確信をもってそのことを続けてゆけばいいのだと。私がそう信じて染めてきた色が十年、二十年色褪せてしまっているか、というと決してそうではない。今も生き生きと輝いている。色を染めることは一発勝負だ。その瞬間に気合をこめる。色は匂いたつことこそ生命である。色があやういのは本性である。しかし堅牢度は無視できない。そのはざまにあって何か一筋の道を見出すとしたら、誠心誠意その色を染めようとして見出した道は、はからずも自然のもつ科学に適っている時ではないかと、自然の科学と言えばそのものの持っている色をある方程式のようなものに逆らわず、その組織を最も犯さない領域で掬い上げ、色にまで染め揚げる、勿論そんなことを意識しているのではないが、植物のもつ今の生命力のようなものに自分が感応して夢中で染めている時、もしかしたらある科学に添っているのかもしれない。

いざとなれば化学智識より、本能的にそなわった感性につき動かされて仕事をしている人が実は多いのではないだろうか。

梅・葛・白樫

橡

色への遺言

先月、『色へのことばをのこしたい』という伊原昭さんの御本をいただいた。

伊原さんは約半世紀の間ひたすら日本の色彩について独自の研究をされ、『日本文学色彩用語集成　上代〜近世』全五巻、『万葉の色相』『色彩と文芸美――古典における』『平安朝文学の色相――特に散文作品について』『色彩と文学――古典和歌をしらべて』等々、数えきれないほどの日本の色彩についての本を出版している。

私は仕事をはじめてから四十年以上、伊原さんの御本を傍からはなすことはなかった。どれほど深い汲めども尽きない感化をうけたことだろう。日本の色彩の奥深い魂の本処はここにあるのかとたびたび驚かされ、開眼

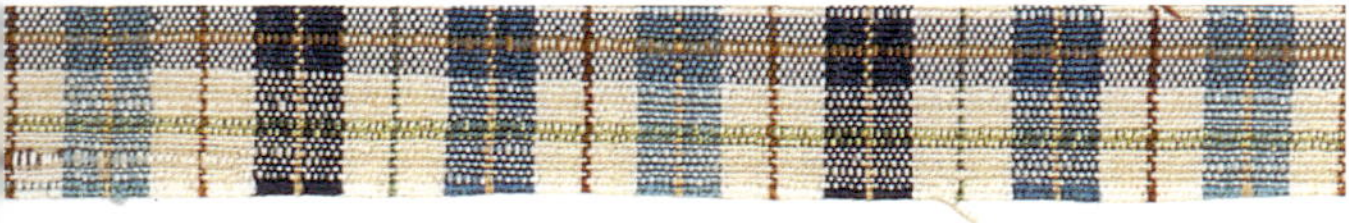

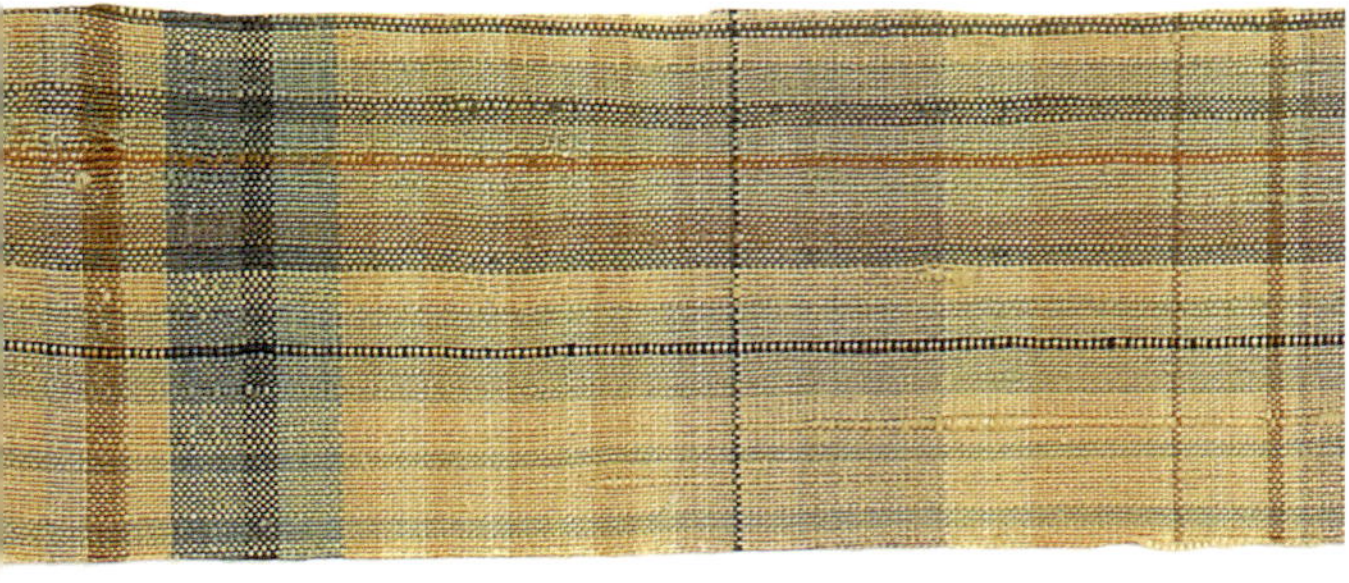

する思いだった。おそらく今日までの仕事の根底には、伊原さんの日本の色彩に対する叡智的な明察が影響し、私にある畏怖をさえ思わせているのではないかと思う。何回となく書棚から引き出してその頁を繰る時、全く新たな発見があり、言葉には尽せない歓びが湧いてくるのだった。上代から万葉、古今、新古今に到る日本文学の和歌の世界にはその全時代を貫いて、日本の四季折々の色彩が単に色彩としてではなく、文学の骨子として、和歌の魂として、ちりばめられているのだ。色彩は心情の吐露であり、精神の練磨と洗練の結晶なのだ。

伊原さんはひたすら地道な研究の道を深め、前人未踏の領域にまで踏みこんで私たちにその進路と配慮を示して下さった。

私が最も影響をうけた本は『万葉の色相』と『平安朝文学の色相』である。それらの中で、万葉の人々が草花や鳥、空、自然のうつろいを色彩に托して歌に表現するのに驚き、この時代の人々がいかに素形のままで自然に触れ、一体となって率直、純一に歌っているかということに思い至った。

また、『源氏物語』『枕草子』などの文学は色彩をぬきにしては語れない。色彩文学といってもいいほど文と色とは溶け合い、抜きさしならぬ関係である。これほど色彩に重要な役割を与えている文学は世界にも稀である。ラファイエット夫人の『クレーヴの奥方』などは『源氏物語』に比して、色彩豊かであるとは思うけれど、それは作中の女性をひきたたせるための色への配慮である。中国の曹雪芹の『紅楼夢』なども優れた色彩を衣裳や、室内に描き出しているが、それは決定的な役割ではない。もし『源氏物語』に紫という色が使われなければ物語は生れないのである。『枕草子』に鮮烈なほとばしるばかりの切り口の色彩表現がなければ草子は成立しないのである。

と考えてゆくと、これは日本という国の民族性であろうか。

北から南へ弧を描く日本列島は地球上でも有数な四季に恵まれた地形で、とくにその中央に位置する京都という都は千年の王朝文化を守りつづけてきている。海にかこまれ外敵からの侵略もほとんどなく文化を守り育む条

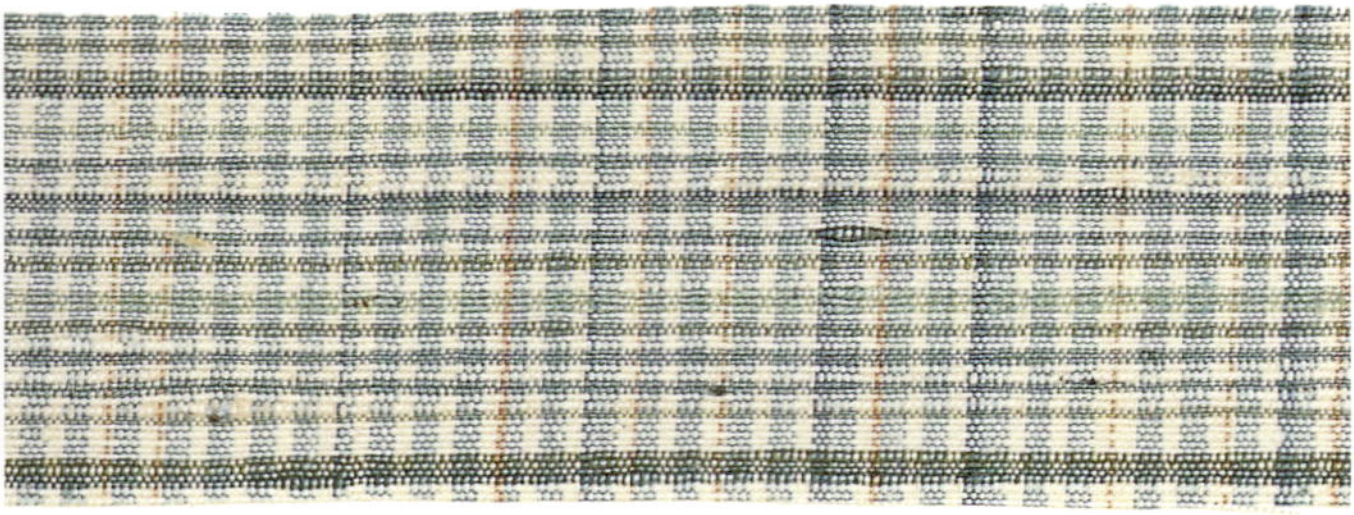

件にも恵まれていたのだろう。何よりも春夏秋冬のけじめがあざやかで、刻々に移り変る植物や気候の変化を的確にとらえて和歌にし、絵巻、装束等々にと、花開いていったのであろう。それらの伝統を受け継ぎ後の世に少しでも遺してゆかねばならないのに、昨今の状況は実に由々しいものがある。その国の伝統はいわば財産のようなもので受け継いだ時代の人々はそれを少しでも増やしてゆかなければならないのに、増やすどころかどんどん消耗している。勿論昔のものをそのまま保つというのではなく、現在の平成二十三年のこの時に遺すべき文化は何か、それをまずはっきり見直す必要がある。今の時代の人々は安易に、効率的に、快適にすごすことを第一の目標にしている。現在の平穏な生活が何によって安全を保証されているか、深く考えようとしない。そこへ今回の東北地方の大災害である。このさし正に日本の国の存亡すらかかっている予想を越えた国難である。このさし迫った状況の中で私達は何を思い、考え、憂うべきか。今、東北では正常でない生活を強いられ、一家が離散する悲劇が続出している、その現状に

榛の木

加えて、原発被害は、報道以上の深刻さである。そんな中で今更、文化だとか色彩だとかを語っていていいのか、という内省はまぬがれないことではあるが、一人一人が、いつどんなことが起きようと逃れることはできないという覚悟をもって日々生きることだと思う。

その中でこの日本のたぐいない美しい文化を何とか守ってゆきたいと思う。

お正月に突然二十年以上お会いしていない伊原さんから電話があって、私がこの正月テレビに出て元気に仕事をしていることをごらんになり「自分もこうしてはいられない、今、色のことばを後世に伝えたいという本をかいていますがなかなか進まない、あなたの姿をみて元気が出ました。仕事をつづけます」という御言葉をいただいて私は感動した。

尊敬して止まない伊原さんから元気をもらったといわれ、私はますます思うのだ。どんな環境にあっても一日でも誠実に生き、あたえられた仕事をするべきだと。伊原さんは大正六年生れ、九十歳を優に越えていらっし

ゃるのにその意欲に圧倒される。間もなく本が完成し、おくられてきた。『色へのことばをのこしたい』まさに伊原さんの思いが溢れている。私も含めてこれだけ老齢になるといつも死を覚悟して仕事をしている。これが最後だ、最後だといいながら仕事をしているので傍のものから笑われるのだが、正直な気持である。どんなに日常が荒廃し、生きるに精一杯であろうと、一茎の草花に目を奪われ、生命力を感じることがあろう。むしろ、逆境に立たされて、限界に達した時、今まで目に留めていなかった自然の広大な世界にどんなに救われることだろう。

伊原さんはこの本の中で実にさまざまの角度から時代を越えて貴重な話をされている。滅多にこんな話は聞けるものではないと思い、上古の不思議な話をここに記したいと思う。

「烏羽《うば》の表疏《ふみ》」

敏達天皇元年（五七二）に高麗（古代朝鮮の一部）から表疏《ふみ》が届いた。天皇はそれを多くの大臣に読み解くように命じたが誰ひとり読めなかった。

その時帰化人の王辰爾《おうじんに》がこれを解読した。その後また高麗から国書がきて、今度は烏の羽に文字が書いてあり、それが黒い羽に黒で写されているので全くわからない。その時、王辰爾はその羽を飯の気《け》に蒸《む》して、文字の墨が湿気《しつけ》たとき、羽の上に白いきぬをおしつけたところ、白い絹の上に文字が浮び上り、見事に解読できたので高麗の王は感心したという。

また十一世紀はじめに書かれた清少納言の『枕草子』にも、唐国《からのくに》から玉《ぎよく》がおくってこられた。その玉の中に曲りくねった道がついている。それに緒（紐《ひも》）を通すように言ってきた。どんな細工の名人にもそれは出来ないので困っていると、ある老人があらわれて二匹の大きな蟻の腰に糸を結びつけ、それに紐を結び片方の口から穴に入れ、出口のところに蜜を塗ってさそい出したところ無事に出てきたという。玉の中に立派に紐がとおったのである。そこで唐国に送りかえしたところ、何と日本には賢い人がいるものだと感服し、それより無理難題を言わなくなったという。

また江戸時代になると話は急にくだけて粋になってくると、伊原さんは言う。実に厖大な色の名前が生れ、かつて平安時代や中世は植物や動物の名をつけたものが多かったのに対し、江戸では人物（人気の役者）とか地名（深川）とかさまざまの名前が生れ驚くばかりの自由さ、豪華さである。一例をあげれば鼠系統では、藤鼠、利休鼠、紅掛鼠、嵯峨鼠、湊鼠、関谷鼠、玉川鼠、あげればきりもない。何しろ百鼠なのだから。白茶、鳶茶、路考茶、焦ヶ茶、御召茶、唐媚茶、梅幸茶など、貴族好みの優雅さとは対照的に渋好みである。九鬼周造の『「いき」の構造』の世界である。しかし庶民はそればかりではなくなかなか活潑で派手ごのみの連中もいる。遊里などに出入りする町衆の金持が遊女に贈物とした着物は、うす紫か紅の生地に鹿の子の総絞りをして、その粒々の一点一点を紙燭で焦がして穴をあけ、その穴から中の紅に染めた綿がちらちら見えるように工夫したという。それは西鶴の『好色一代女』に出ているというが、何と妖しげな美しさだろう。人工の極というか、いささかデカダンスな感じもしないではな

い。ごく近世になると「五分でも透《すかさ》ぬ流行」（『春色梅児誉美《しゅんしょくうめごよみ》』）という風にすみずみにまで流行におくれぬように気を配り、七歳位の女児が歳増《としま》のような地味な紫縮緬のまげ紐をつけたり、中年女が少女のような真赤な絞りの切れを髪につけたり、男は、「路考茶か、鼠か伊予染さ」（『浮世風呂』）といった具合、何やら昔流行《はや》ったものが流行返りしたりするというのも現代に似ているような気がする。いつの世にも変らぬものは色好みということだろうか。文化が爛熟し近代化が進めば進むほど、色はその本質から離れ、ひたすら商業化し、それに利用されるばかりである。本来の色の姿は無残にも細分化され、無機的な状態に犯されつつある。

今、非常に危機を感じている。こうしてはいられないという伊原さんの気持が切々伝わってくる。「今、色のこと伝えたいのよ、志村さん！」という電話の声が響いてくる。

色を本来の宇宙的な光の世界へもどし、もう一どそこから降り注ぐ光の中に無量の色を感じたい。無量の色を拝領したい。

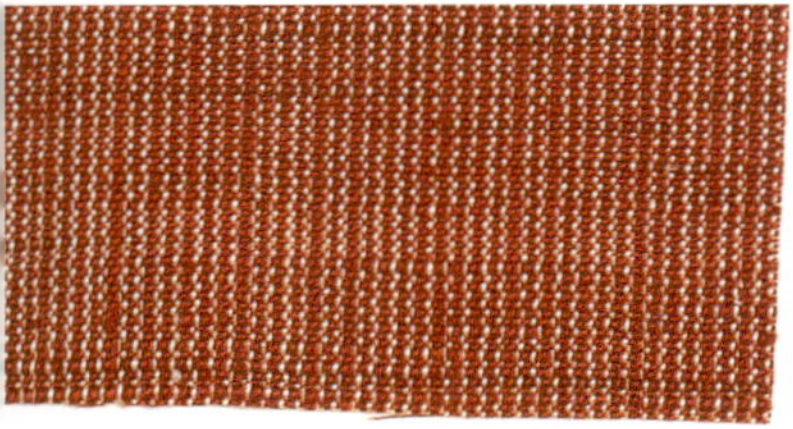

伊原さんが伝えたいと願われるこの『色へのことばをのこしたい』は伊原さんの遺言である。私もその一端に加えていただきたいと願うものである。

裂のはなし（一）

秋の夜半、庭には露がおりていた。

師が近づいてこられたので、私はたずねた。

「裂とはなんでしょう」

「裂とは心の断片、どんな小さな裂にも心が宿っています。物語をもっています」

「それはどんな裂にもいえることですか」

「いえ、裂とは、糸で織られ、布になり、どうして裂になってゆくのか、それを、お話ししましょう」

と言って師は葛《つづら》の箱をあけた。

箱の中にはたくさんの小裂が、大きいのや、小さいのや、細長いのや、丸いのが一杯入っていた。赤や紺、うす緑や黄、紫など、とりどりの色彩であふれている。縞や、絣などのさまざまの柄がひしめき合ってつまっている。そして何やらお互いに、喋り合っているものや、勝手につぶやいているものもある。

「私をみて」「この色はどう」「早く私をとり上げて、あなたの手で」

私はもう混乱して、目うつりがするばかり。師は言われた。

「裂がこんなにお喋りだとは思わなかったでしょう。ほら、ひとつひとつあなたの手に飛び込んでゆきそうでしょう。裂は一つの大きな目的を持っています。人に用いられ、大事にされ、衣裳やそのほかさまざまのものとして存在することです。その使命を果したとき、同じ一部分であった裂たちは、こうして葛籠につめこまれて、ほんの一足ちがいで忘れられてゆくのです。裂の願いなど本当にあるのでしょうか。今、一つの小裂をとり上げてみてしみじみ思うのです。経糸という与えられた運命、緯糸という今の命。運命と命が一瞬交差して布になっていく、布と裂、どこから布は裂になってゆくのか、そんな区別さえなく、糸は染められ、一織一織、織る人の夢をかなえてゆく……そうではありませんか」

師はじっと私を見つめて答えを待った。私は思わず言った。

「師よ、夢をかなえてくれるのは誰でしょう。見当違いかもしれませんけれど、何かがあるように私には思えるのです。私の思い、私の力ではなく何か別のものが——」

師は言われた。

「それは、創造《ものづくり》の主《ぬし》です。構成の主です。物にひそんでいるのか、物と命のあわいにひそんでいるのか、織物の主は控えめです。きっと糸が好きで好きでならないのでしょう。糸が自由に、思うように動きまわるのを喜んで助けているのです。それを感じてしまった糸は、唱い出すのです。強かったり、弱かったり、低かったり、高かったり、糸は色の使徒としてたのしげに奏でるのです」

私はうなずいた。「本当にそうですね。織機《はた》とは楽器の一種かと思うくらいです。竪琴のように、ある時など私が奏でている（織っているって、竪琴の絃をはじいているような気がします）かのように思えるのです。勝手に経糸が奏でた音を緯糸が掬《すく》いとって、和音や二重奏、三重奏に組立ててゆくのです。おや、いつの間にか布が裂になってきました」

師はほほえんで言われた。

「そのことです。あなたが波《ウエーブ》を感じた時、その波に乗って杼《ひ》は飛び交うのです。そして裂に変身してゆくのです。命が宿り、物語が生れるのです」

師はそう語って立ち上がった。私は名残り惜しく、まだまだ語ってほしいと思ったが、すでに夜明けに近い庭には露が繁く、うす緑に透けた庭の織物――芝草――は無数の光を宿していた。

裂のはなし（二）

裂ってふしぎ。こんな小さな裂なのに、いきなり私の胸に飛びこんできて、何かつくってくれっていうの。手の中に吸い込まれてゆくものもある。勝手なことといってさんざんてこずらせているのに、いつの間にか見事なグラデーションにならんでくれる。日本風に言えば、繧繝《うんげん》とか暈《ぼか》しとか、でも無地ばかりじゃない、縞、格子とか絣とか段替りとか、小さいくせに一丁前、しっかり雛形になってくれるの。それがいつの間にか金覆輪《きんぷくりん》、銀覆輪なんて洒落ちゃって、百枚くらいになってる。形だって負けてない、三角や菱や四角や丸。マッチ棒みたいなのや、花びらや雪みたいな片々として、金屏風や銀屏風にお目見得して、納っているの。

何がふしぎって、そんな裂の表情の豊かさ、私は手を貸しているだけ。

物静かな風情で服《まつろ》っているものもあれば、小さな家や窓や、樹々になったり、たちまち秋の風景になったり、野道になったり、どこかの国のお城になったり、蠟燭になったり、飛雲になったり、とんがり帽子になったり、首飾りになったり。ふりまわされているの。でも面白い。とってもいそがしくて、おもしろい。今日もお祭りの町になったり、旗になって街中パレードしたり、小鳥になって窓で歌ってくれたり……。

　ああ、たのしい裂たちよ。晴れ舞台に立って着物として飛び立ったもの達の端布として、今も箱の中につめこまれているもの達よ。今、あなた達は輝く。雨に濡れて、人に踏まれて誰もかえりみない鋪道の石畳にあなたは変身する。美しい石畳さん。あなたをもっともっと作りたい。そして煉瓦さん、私はとってもあなた方が好き。いつ見ても、どこで見ても、ひとりひとり違った顔をして、何だかいいのよ、古顔の、歯の欠けた煉瓦さん、何ていい色をしてるの、とてもかなわない。あの色には歳月の歴史がある。撃たれ、崩れかけた煉瓦の塀よ、トルコやイランの古い町であなたの姿をみた。無惨な戦いの傷あと、何と深い哀しみの色だったろう。凸凹にしみこんだあの色は忘れない。私は今こんなおばあさんになってあなた方をいとおしんでいるってことに気がついた。捨てないわ。どんな米粒みたいな裂だって、私と一緒にもう少し生きて。

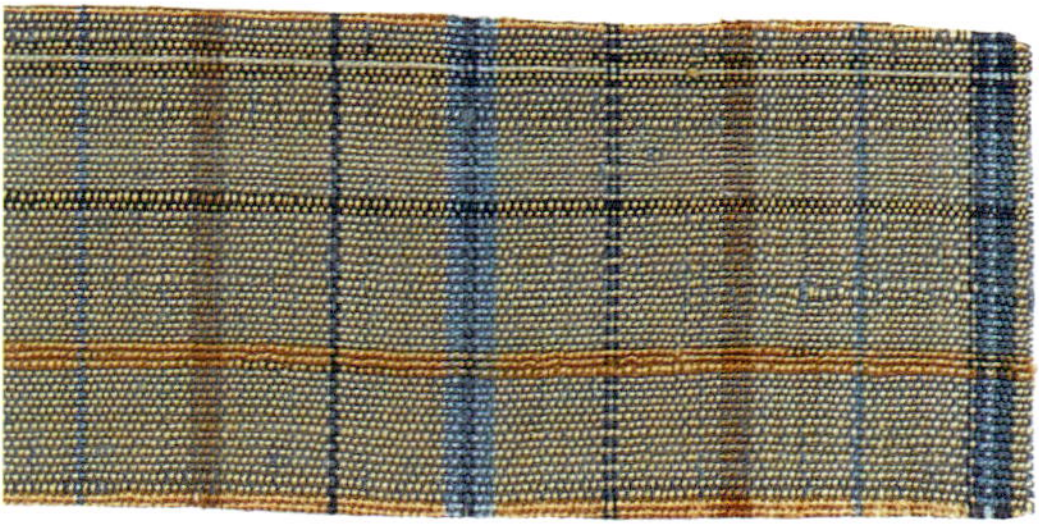

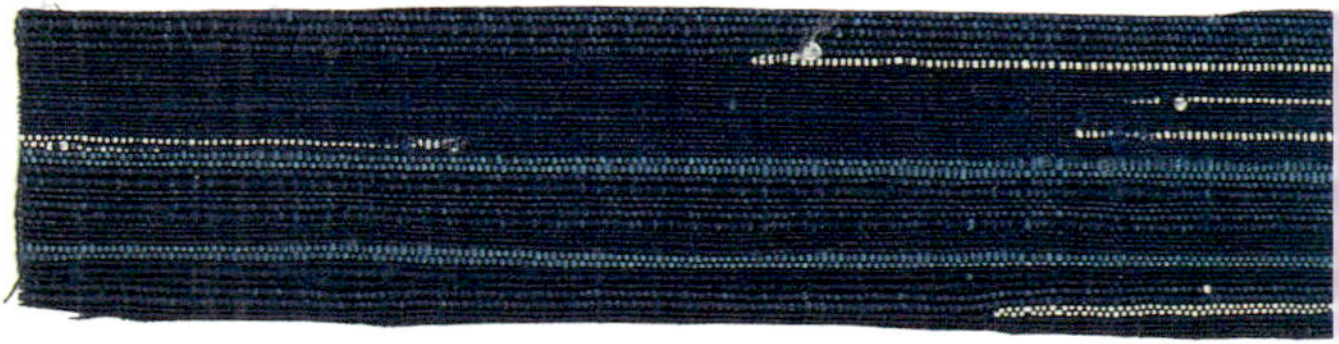

裂のはなし（三）

昔、私は「裂によせて」という詩を書いた。

なぜ、ひとは
ガラス絵や、貝殻や、玉《ぎょく》をみるように
織物をみようとしないのだろう

どんな材料で
どうして染め
どのようにして機にかけ
織り上げたのかと

まず問いかける
まるでそういう仕掛しか
織物にないかのように

私はまず　その仕掛から
織物を解きほぐして
鳥籠の上で　ヒラヒラする細長い旗や
マッチ箱みたいに小さな裂を

もっと身近に
掌にのせ、陽に透かして
かざしてみたい
螺鈿の筥に宝石のように

しまってみたい

そうすればきっと
それらの裂の中から
色の粉々が空中に舞い散ったり
糸のあわいから、響いては消えてゆく
かすかなさざめきが
聞こえるかもしれない

裂は何か姿を変えたがっているかもしれない
色も、少し光の領域にはみ出したがっているかもしれない

紺から甕《かめ》のぞきまで
藍の一家眷族が

しんから心を寄せ合うと
汀に打ちよせる漣《さざなみ》の光になる

紅からうす紅まで
紅花の一片《ひとひら》ずつが
そっと顔をよせ合うと
北国の朝咲きの花になる

それからまた
裂の中に、まるでからくりみたいに
小犬の十字架
五重の塔や、お姫さん
利休鼠の夕顔や
竹藪に雪までそえて

かくしてあるのが、わかるかもしれない

昭和五十二年

もう三十年も前のことなのに、織物の組織とか材料とか技法とかに気が向かなかったのはその頃も今も同じだな、と思う。まあ不得手というのか、難しい織物の学術書なんか読む気がしなくて、遂に平織、植物染料の二本槍で五十年近くをすごしてきた。そのあげく、とうとう最晩年になって、小裂にまみれながら毎日をすごすようになってしまった。

二年あまり病を得て、果してもう一ど機に向えるかとあやぶんでいたが、療養がてら、ふと小裂の一杯つまった箱をまさぐっているうちに、この小裂を雪や花びらのようにこまかくきって、一片一片を、モザイクみたいに紙に貼りはじめた。

お菓子の空箱を小さく区切って、赤や黄、緑の、吹けば飛びそうな小片をわけて入れ、模型の小間物屋みたいに店びらきして、終日貼りつづけた。

はじめは点描のようにひたすら空間を埋めて、花苑や噴水、お城や町などまるでお伽話の世界のような幼さだった。しかしそんな手仕事がたのしく、私を快方へむかわせたのか、次第に着想が湧き、長年織りためていた裂の簞笥から「秋霞」とか、「夜桜」「月の湖」などの作品の残り裂をとり出して着物の雛形をつくりはじめた。先年、何の気なしに着物の簡略なパターンをつくってみたのがきっかけだったが、小さいなりに主張している裂の勢いにうながされて、たて続けに五十枚、百枚をつくりつづけた。無地の雛形にも、意外と主張なき主張というか、色ひとつで勝負する潔さがあり、やはり五十枚ちかくつくった。自分が染めたというより、そこを離れて、植物染料のもつ潜在的な力強さに驚いた。

裂は御用済の存在として長年簞笥の中に打ち捨てられ、やがて私がいなくなったら忘れられる運命だった。すんでのところで最晩年の私はその裂たちから呼びかけられ「私たちをどうにかして！」といわれた気がした。

その裂たちのために、私は体調をくずし二年間も空白の時をあたえられたのかもしれない。人は休養の時と言ってくださるが、休養どころではなく、働きつづけた。このことに気づかされ、再びものをつくるよろこびをあたえられたことは、裂たちに何と御礼をいっていいかわからない。私はお手伝いさせてもらっている感じで、次から次へ裂の世界にはまりこんでゆく。

一寸かっこよく言えば裂への恩返しか、なんてとんでもない、まだまだ私は貪欲に、更に更に裂を切り刻み、こまぎれにしているではないか。それでも裂たちの中からさんざめくこの話し声、聞き耳をたてずにはいられない。

「あの頃ふくみさんは赤に夢中よ。蘇芳を炊いて毎日毎日私たちみたいなまっかな経で織ってたわね」「藍には随分苦労してたわ。腰がぬけるほどがっかりしたり、跳び上がってよろこんだり、そんな時の産物なのよ、私たち」

なんて限りなくお喋りな裂たちなのだ。

まだまだ私と裂たちとのたのしい作業はつづく。私がこの世から消えるまで一緒に生きてゆく。

あとがきにかえて

この文庫本に貼られている裂たちは、私が織物をはじめた頃、一九六〇年前後のものから、三十年くらいの間に織ったものである。

はじめは残り裂を何の考えもなしに貼っていたのだが、今、見ていると、その間の歳月の流れが鮮やかに浮かび上がってくる。

人様に見ていただくなんて考えもしなかった。

この文庫のもととなった私の『小裂帖』は、一九九四年の、滋賀県立近代美術館の展覧会に、初めて出品したのだが、それが筑摩書房の編集の方の眼を惹いたのだった。

「この『小裂帖』を本にするのが、十年来の願いでした」と言われてついその気になってはみたものの、やはりこれは、人には見せるものではないのかもしれないという思いがつきまとった。

しかし、日が経つにつれて、箪笥の底にしまわれた小裂たちが何やらささやく声をきいた。小さいながら彼女達は何か使命を持っているのかもしれない。今私は、それらの裂に支えられ、力づけられて新しいささやかな仕事に向っている。

それは、更に新しい形の小裂帖をつくったり、小屛風や歌留多など小裂たちをつかって試みようとする小世界である。果してどこまで出来るかわからないが私を支え、夢に誘《いざな》ってくれる小裂たちがあるかぎり続けたいと願っている。

この本を出版したいと強く願って下さった筑摩書房の長嶋美穂子さんと、美しい装丁をして下さった山室眞二さんに心から御礼を申し上げます。

二〇一二年春

志村ふくみ